해리엇이 들려주는
이차부등식 이야기

NEW 수학자가 들려주는 수학 이야기 47
해리엇이 들려주는 이차부등식 이야기

ⓒ 신경희, 2010

2판 1쇄 인쇄일 | 2025년 8월 6일
2판 1쇄 발행일 | 2025년 8월 20일

지은이 | 신경희
펴낸이 | 정은영
펴낸곳 | (주)자음과모음

출판등록 | 2001년 11월 28일 제2001-000259호
주소 | 10881 경기도 파주시 회동길 325-20
전화 | 편집부 (02)324-2347, 경영지원부 (02)325-6047
팩스 | 편집부 (02)324-2348, 경영지원부 (02)2648-1311
e-mail | jamoteen@jamobook.com

ISBN 978-89-544-5292-8 44410
　　　 978-89-544-5196-3 (세트)

• 잘못된 책은 교환해 드립니다.

신경희 지음

NEW
수학자가 들려주는
수학 이야기
47

해리엇이 들려주는
이차부등식 이야기

㈜자음과모음

추천사

수학자라는 거인의 어깨 위에서 보다 멀리, 보다 넓게 바라보는 수학의 세계!

　수학 교과서는 대개 '결과'로서의 수학을 연역적으로 제시하는 경향이 강하기 때문에 학생들은 수학이 끊임없이 진화해 왔다고 생각하기 어렵습니다. 그렇지만 수학의 역사는 하나의 문제가 등장하고 그에 대해 많은 수학자가 고심하고 이를 해결하는 가운데 새로운 아이디어가 출현해 온 역동적인 과정입니다.

　〈NEW 수학자가 들려주는 수학 이야기〉는 수학 주제들의 발생 과정을 수학자들의 목소리를 통해 친근하게 이야기 형식으로 들려주기 때문에 학생들이 수학을 '과거 완료형'이 아닌 '현재 진행형'으로 인식하는 데 도움이 될 것입니다.

　학생들이 수학을 어려워하는 요인 중의 하나는 '추상성'이 강한 수학적 사고의 특성과 '구체성'을 선호하는 학생의 사고 사이에 존재하는 간극이며, 이런 간극을 줄이기 위해서 수학의 추상성을 희석시키고 수학 개념과 원리의 설명에 구체성을 부여하는 것이 필요합니다.

　〈NEW 수학자가 들려주는 수학 이야기〉는 수학 교과서의 내용을 생동감 있게 재구성함으로써 추상적인 수학을 구체성을 갖는 수학으로 변모시키고 있습니다. 또한 중간중간에 곁들여진 수학자들의 에피소드는 자칫 무료해지기 쉬운 수학 공부에 윤활유 역할을 해 줄 것입니다.

〈NEW 수학자가 들려주는 수학 이야기〉의 구성을 보면 우선 수학자의 업적을 개략적으로 소개하고, 6~9개의 강의를 통해 수학 내적 세계와 외적 세계, 교실 안과 밖을 넘나들며 수학 개념과 원리를 소개한 후 마지막으로 강의에서 다룬 내용을 정리합니다.

이런 책의 흐름을 따라 읽다 보면 각각의 도서가 다루고 있는 주제에 대한 전체적이고 통합적인 이해가 가능하도록 구성되어 있습니다. 〈NEW 수학자가 들려주는 수학 이야기〉는 학교 수학 교과 과정과 긴밀하게 맞물려 있으며, 전체 시리즈를 통해 학교 수학의 많은 내용들을 다룹니다. 따라서 〈NEW 수학자가 들려주는 수학 이야기〉를 학교 수학 공부와 병행하면서 읽는다면 교과서 내용의 소화 흡수를 도울 수 있는 효소 역할을 할 것입니다.

뉴턴이 'On the shoulders of giants'라는 표현을 썼던 것처럼, 수학자라는 거인의 어깨 위에서는 보다 멀리, 넓게 바라볼 수 있습니다. 학생들이 〈NEW 수학자가 들려주는 수학 이야기〉를 읽으면서 각 수학자의 어깨 위에서 보다 수월하게 수학의 세계를 내다보는 기회를 갖기를 바랍니다.

홍익대학교 수학교육과 교수 | 《수학 콘서트》 저자 박경미

> 책머리에

세상의 진리를 수학으로 꿰뚫어 보는 맛 그 맛을 경험시켜 주는 '이차부등식' 이야기

우리 주위에는 같은 것보다 다른 것이 훨씬 많습니다. 수학으로 말하자면 등호보다는 부등호를 사용해야 할 때가 훨씬 많다는 뜻입니다. 예를 들어 '현재 우리나라 인구는 정확히 몇 명이다.'라고 자신있게 이야기할 수 있을까요? 지금도 병원에서는 새 생명이 태어나고 있습니다. 그러면서도 다른 어느 곳에서는 누군가 죽음을 맞습니다. 다시 말해서 어느 한 시점의 정확한 인구를 알기란 쉽지가 않습니다.

'눈금자를 이용하여 수학책의 가로 길이를 재었더니 18cm이다.'라고 할 때 그것은 과연 참값일까요? 측정에는 오차가 있을 수 있습니다. 즉, 그 값이 반올림한 값이면, 17.5cm이거나 18.4cm일 때도 18cm가 됩니다. 이처럼 우리 주변의 사물과 현상에는 부등호로 표현할 수 있는 문제 상황이 참으로 많습니다.

이 책은 우리 주변에서 흔히 볼 수 있는 문제 상황에 맞는 부등식을 세우고 그 부등식의 해집합을 구하는 과정을 차근차근히 조리 있게 공부하도록 쓰였습니다. 해집합을 구하고 문제 해결 과정에서 나름대로 규칙과 질서를 볼 수 있습니다.

이차부등식을 주로 다루면서도 절댓값이 있는 부등식과 여러 유용한 부등식 등을 공부할 수 있게 했습니다. 이러한 수학의 확장으로, 일반화 과정을 경험하면서 스스로 수학의 중요한 한 축을 세우고 있다는 자부심이 들 것입니다.

아르키메데스는 원의 넓이를 구하는 과정이 옳음을 증명하는 과정에서 부등호 개념을 이용합니다. 여러분은 천재적인 수학자의 시각에서 그 아이디어를 관찰할 수 있습니다.

생활과 현상 속에 수학이 있고 수학에는 나름대로 조화로운 질서가 있습니다. 또한 수학은 이러한 질서를 표현하며 적절한 해를 구하여 문제를 해결할 수 있습니다.

자, 해리엇 선생님과 편안한 마음으로 이차부등식의 신나는 탐구를 시작합니다.

신경희

차례

추천사	4
책머리에	6
100% 활용하기	10
해리엇의 개념 체크	20

1교시
부등식의 성질과 부등식 만들기   29

2교시
이차부등식의 풀이   51

3교시
이차함수와 이차부등식의 관계   69

4교시
판별식과 절대부등식   83

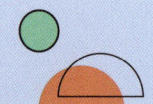

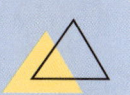

5교시
연립이차부등식　　　　　　　　　　　　　　97

6교시
절댓값 기호가 있는 부등식　　　　　　　　111

7교시
여러 가지 부등식　　　　　　　　　　　　129

8교시
어느 쪽이 더 클까요?　　　　　　　　　　149

9교시
꽃밭과 연못 만들기　　　　　　　　　　　163

1 이 책은 달라요

《해리엇이 들려주는 이차부등식 이야기》는 부등호 기호 >, <를 만들어 쓰기 시작한 수학자 해리엇과 부등식에 관해 공부하는 형식으로 전개됩니다.

정의에서 시작하여 정리, 성질 그리고 응용문제로 이어지는 기존의 수학 공부가 아닙니다. 이 책으로 실생활의 여러 크고 작은 문제 상황에서 필요한 수학적 개념을 끌어내어, 조건에 맞는 부등식을 만들어 가는 과정을 경험할 수 있습니다. 또한 부등식의 풀이 과정을 논리적으로 접근하여 자연스럽게 해집합을 구할 수 있습니다.

이렇게 학습한 내용은 다른 수학적 개념과 연결된 내용을 이해할 수 있게 합니다. 이러한 이해는 다양한 문제 해결에 충실한 밑거름으로 작용하게 됩니다. 다시 말해서 실생활에서 자연스럽게 수학적 사고를 하게 됩니다.

2 이런 점이 좋아요

❶ 실생활의 여러 크고 작은 문제 상황에서 수학적 요소를 찾아냄으로써 보다 친근하게 수학을 공부할 수 있습니다.
❷ 단계적 학습으로 논리, 사고력 형성에 도움이 됩니다.
❸ 문제를 계산하기 전에 생각하게 하여 혼자서도 풀 수 있는 능력이 길러집니다.
❹ 문제 상황을 수, 문자, 등호 혹은 부등호 등을 사용하여 표현해 봄으로써 상황을 정리할 수 있습니다.
❺ 한 예에 담긴 성질을 파악하여 해결 방법을 찾고 그것을 수학적 사실로 일반화하는 경험을 공유할 수 있습니다.
❻ 실생활 문제와의 연계로 수학의 강력한 힘을 경험할 수 있습니다.

3 교과 연계표

학년	단원(영역)	관련된 수업 주제 (관련된 교과 내용 또는 소단원명)
중 2	변화와 관계	일차부등식
중 3		이차방정식
고 1(공통수학1)	방정식과 부등식	여러 가지 방정식과 부등식

4 수업 소개

1교시 부등식의 성질과 부등식 만들기

먼저 일상생활에서 만날 수 있는 '~보다 작다, ~보다 빠르다, ~보다 더 무겁다' 등으로 부등호 개념을 살펴봅니다. 이차부등식을 공부하기 전에 일차부등식의 성질을 복습하고 생활 속 문제 상황에서 이차부등식을 만들어 봅니다. 또한 고대 아르키메데스가 수학적 증명에서 이용한 부등호 개념을 생각해 볼 수 있습니다.

- 선행 학습
- 주어진 상황의 조건을 만족하는 식을 세울 수 있어야 합니다.
- 일차부등식의 성질을 이해하고 풀 수 있어야 합니다.

- 학습 방법
- 일상생활에서 부등호로 나타낼 수 있는 것을 생각해 내고 기호로 표시해 봅니다.

- 이미 학습한 일차부등식의 성질을 이해하고 일차부등식을 풀 수 있도록 복습합니다. 특히 음수로 곱하거나 나눌 때 부등호의 방향 변화에 주의해야 합니다.

2교시 이차부등식의 풀이

실제 이차부등식을 푸는 단원입니다. 일차부등식의 성질을 이용하여 이차부등식을 풀고 그 해집합을 이해합니다.

- 선행 학습
- 두 수의 곱이 음수이면 두 수의 부호가 각각 다를 때입니다.
- 두 수의 곱이 양수이면 두 수의 부호가 둘 다 양수이거나 둘 다 음수일 때입니다.
- 부등식 $a \leq b$는 $a < b$ 혹은 $a = b$를 의미합니다. 마찬가지로 부등식 $a \geq b$는 $a > b$ 혹은 $a = b$를 의미합니다.

- 학습 방법
- 주어진 부등식의 방향에 주의하면서 해집합의 범위를 구해야 합니다.
- 일차식과 마찬가지로 음수로 곱하거나 나눌 때 부등호의 변화에 유의해야 합니다.
- 등호는 언제 붙여야 하는지 자세히 살펴봅니다.

3교시 이차함수와 이차부등식의 관계

이차함수와 이차부등식과의 관계를 공부합니다. 이차부등식의 좌변이 나타내는 포물선과 우변이 나타내는 x축과의 관계에서, 이차부등식의 부등호의 방향에 따라 부등식의 해집합이 결정됩니다.

- 선행 학습
  - 이차함수의 그래프를 그릴 수 있으며 x축과의 관계를 알아야 합니다.
  - 직선 x축을 나타내는 식은 $y=0$입니다.

- 학습 방법
  - 이차함수가 나타내는 포물선을 복습하고 이차부등식의 부등호 방향에 유의해야 합니다.
  - 이차함수와의 교점에서 경계선이 들어갈 때와 그렇지 않을 때에 따라 등호 사용에 유의합니다.

4교시 판별식과 절대부등식

이차방정식의 판별식에 따라 이차부등식은 절대부등식이 될 수 있습니다. 판별식을 구하여 그 부호에 따라 이차부등식의 해집합의 관계를 공부합니다.

- 선행 학습
  - 이차방정식의 판별식의 값이 양수, 음수, 0에 따라 이차방정식은 각각 서로 다른 두 실근을 갖거나, 서로 다른 두 허근을 갖거나 혹은 중

근을 갖습니다.

- 학습 방법
- 이차부등식의 방향과 판별식과의 부호에 주의하면서 공부합니다.

5교시 연립이차부등식

우리가 여기서 다루는 연립이차부등식은 2개의 부등식에서 하나가 이차부등식이고 다른 하나가 일차 혹은 이차부등식인 경우를 말합니다. 각 부등식의 해집합을 구하고 그들의 공통집합_{교집합}을 구하는 과정을 공부합니다.

- 선행 학습
- 이차부등식의 해집합을 구할 수 있어야 합니다.
- 이차방정식과 판별식 관계의 이해가 필요합니다.

- 학습 방법
- 각 부등식의 해집합과 그들의 교집합을 구하는 과정에서 빠지는 부분은 없는지 더 간단하게 표현할 수 있는 방법이 있는지 살펴봅니다.
- 등호 사용에 유의해야 합니다.

6교시 절댓값 기호가 있는 부등식

부등식에 절댓값이 있는 경우를 공부합니다. 절댓값 안의 식을 양수와 0, 또는 음수인 경우로 나누어 해집합을 구합니다. 이때 각 경우에 해집합의 공통 범위를 구하는 데 주의를 기울여야 합니다.

- 선행 학습
- 절댓값 기호의 사용이 익숙해야 합니다.

  a가 양수일 때 $|a|=a$이지만, a가 음수일 때 $|a|=-a$입니다.

- 학습 방법
- 절댓값이 있는 부등식의 영역을 나눌 때 빠지는 부분이 없는지 확인해야 합니다.
- 해집합을 구할 때 각 구간의 범위와의 연관성에 유의해야 합니다.

7교시 여러 가지 부등식

실생활과 관련한 산술기하평균 부등식, 삼각부등식 등 여러 부등식이 소개됩니다. 여기에서는 그것을 이용하여 새로운 문제를 간단히 해결할 수 있음을 보입니다. 또한 도형을 이용한 새롭고 산뜻한 증명도 공부할 수 있습니다.

- 선행 학습
- 평균은 '많은 수나 양의 중간적인 값이나 대표할 수 있는 값'을 뜻합니다.
- '피타고라스의 정리'를 이용하여 부등식을 만들 수 있어야 합니다.
- 속력은 '움직인 거리를 그때 걸린 시간으로 나눈 몫'입니다.

- 학습 방법
- 가벼운 마음으로 해리엇 선생님과 공부하다 보면, 쉽게 부등식을 만들고 증명할 수 있습니다.
- 각 부등식을 이용하여 풀 수 있는 문제를 생각해 봅니다.

8교시 어느 쪽이 더 클까요?

어느 것이 큰지를 알아보는 2개의 예제가 소개됩니다. 크기를 비교하는 과정에 사용되는 아이디어를 공부합니다. 또한 이 예를 확장하여 일반화시키는 경험을 공유하게 됩니다. 이렇듯 한 예에서 수학적인 사실로 일반화하는 과정은 수학 공부를 하는 바람직한 방법입니다.

- 선행 학습
- 문자식뿐만 아니라 숫자도 인수분해 할 수 있습니다.
- 둘레의 길이가 일정한 직사각형이 최대 넓이를 갖는 것은 정사각형일 때입니다.

- 학습 방법
- 해리엇 선생님과 수업을 하면서 같이 아이디어를 발견해 봅니다.
- 주어진 예를 잘 관찰하면서 어떠한 성질로부터 일반화를 이끌어 내는지 탐구합니다.

9교시 꽃밭과 연못 만들기

학교 운동장에 '꽃밭과 연못 만들기' 과제로 그동안 배운 부등식의 성질을 알고 실생활에 활용할 수 있습니다.

부등식은 그래프의 위와 아래쪽 또는 그래프의 내부와 외부의 영역을 나타냅니다.

- 선행 학습
 - 일차함수는 직선을 나타냅니다.
 - $x^2+y^2=r^2$은 중심이 $(0, 0)$이고, 반지름이 r인 원의 그래프를 나타냅니다.

- 학습 방법
 - 주어진 과제의 해결 방법을 그동안 배운 부등식의 성질과 연결합니다.
 - 친구들과 토론하며 서로의 의견을 공유합니다.

해리엇을 소개합니다

Thomas Harriot(1560~1621)

영국에서 태어난 수학자·천문학자예요.
《해석학의 실제》 등을 썼으며 영국 최초의 대수학자로 꼽히지요. 특히 방정식 연구뿐만 아니라 부등호를 도입한 것으로 유명하답니다.

인수분해를 최초로 이용하였고 근(根)과 계수와의 관계 및 대수학의 근대적 정식화에 큰 공헌을 하였답니다.

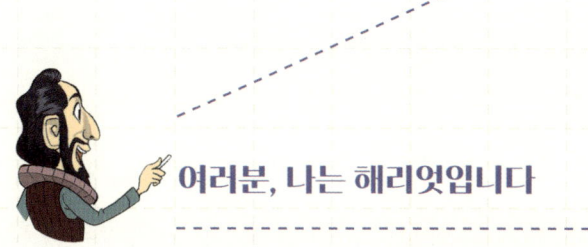

여러분, 나는 해리엇입니다

나 해리엇을 소개합니다. 여러분에게는 좀 낯선 이름인가요? 그보다 먼저 '~보다 크다' 혹은 '~보다 작다'를 의미하는 부등호 >, <의 기호는 잘 알지요? 그 기호를 처음 만들어 사용한 사람이 바로 나, 해리엇입니다.

지금부터 450년 전쯤, 내가 수학자로 활동했던 16~17세기에는 수학에 관한 여러 상황이 지금과는 사뭇 달랐습니다. 아직 확실하지 않은 내용이나 용어 혹은 기호가 많았고, 그래서 내가 생각하는 것이 다른 사람에게 그대로 전달되지 못하는 경우가 흔했습니다. 아주 쉬운 예로 음수에 대해 알지 못하는 사람도 있었고, 당대의 유명한 수학자조차도 음수는 '없는 것보다도 작은, 의미 없는 수'라고 하여 받아들이지 않았을 때입니다.

하지만 그때에도 수학에서 기호를 사용하는 것이 여러모로 편리하다는 생각이 지배적이었습니다. 실제로 많은 수학적 기호가 등장하게 되었습니다.

17세기 초에는 이미 문자를 사용하는 식이 많이 쓰이고 있었으므로 부등식의 표현이 필요하게 되었지요. 비슷한 시기에 '더하기'와 '빼기'에 해당하는 부호 $+$, $-$는 영국의 수학자 레코드의 수학책에 처음 등장합니다. 등호 $=$는 지금보다 길게 늘여 쓰다가 나중에서야 지금 같은 모양이 되었지요. 나 역시 수학적 기호의 필요를 절감했습니다. 그래서 간단하고 편리한 기호를 고안하게 되었습니다. 결국 많은 고민 끝에 여러분이 지금도 편리하게 사용하는 부등호 $>$, $<$를 만들었지요.

한편 오늘날 부등호에 등호가 붙은 '~보다 크거나 같다' 혹은 '~보다 작거나 같다'를 나타내는 기호 $\geq$, $\leq$는 그 후 100년이 훨씬 지나고 나서 프랑스의 과학자가 만들어 사용하기 시작하였습니다.

내가 자랑할 만한 또 하나는, 등식을 나타내기 위한 획기적인 방법을 제안한 겁니다. 예를 들어 $x+y=1$은 $x=1-y$, $y=1-x$, $2x+3y-1=x+2y$와 다 같은 식이지만 언뜻 보기에 그러한 사실이 잘 나타나 있지 않습니다. 하지만 위의 식들의 모든 항을 한쪽으로 이항하여 간단히 정리하면 모두 다음과 같은 꼴임을 알 수 있습니다.

$$x+y-1=0$$

즉, 변수가 2개인 일차방정식은 모두 $ax+by+c=0$인 형태를 갖습니다. 이렇게 어떠한 사실을 일반적으로 간단하게 나타낼 수 있다는 사실은 아주 중요합니다.

이차식에서도 마찬가지입니다. 이차방정식 $x^2+2=3x$를 만족하는 근 x를 구한다고 합시다. 여러분은 이 방정식의 근을 구하기 위하여 어떻게 정리를 시작하나요? 오른쪽 항을 왼쪽으로 이항하여 $x^2-3x+2=0$이라 하고, 왼쪽 항들을 인수분해 하여 $(x-1)(x-2)=0$을 만족하는 근으로, $x=1$ 혹은 $x=2$를 구합니다. 바로 이 부분을, 내가 처음 제안한 거지요. 주어진 항을 한쪽으로 이항하여 (다항식)＝0의 형태로 바꾸는 것입니다. 지금은 당연한 과정으로 생각하지만 당시에는 누구도 생각하지 못했지요.

후에 데카르트는 이를 높이 평가하여, '해리엇 원리'라는 이름을 붙여 주었습니다. 물론 한쪽으로 이항한 항들이 항상 인수분해가 되는 것은 아니지만 그러한 경우에도 데카르트의 좌표기하학과 연계하면 이 원리는 대단한 위력을 발휘하게 됩니다. 왼쪽의 다항식을 $f(x)$라 하면 주어진 식은 $f(x)=0$이 되지요. 좌표에 $f(x)$의 그래프를 그리면 이차 포물선이 되고 포물선이 x축과 만나는 점이 바로 구하려는 방정식의 근이 됩니다.

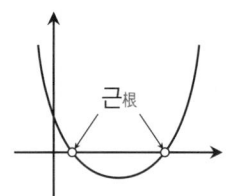

물론 그래프에서의 교점을 보고 x값을 금방 구할 수 있는 것은 아니라 하더라도, 근이 존재하고 그 근삿값을 구할 수 있는 아이디어를 제공해 줍니다.

나는 영국의 옥스퍼드 대학을 졸업하고 월터 롤리 경의 수학 가정 교사를 했습니다. 그러던 중 미국 버지니아주에 탐사대의 한 사람으로 파견되었지요. 나는 수학자이면서 지리학자이고 천문학자였거든요. 망원경을 사용하여 천체 관측도 하였답니다. 귀국하여 그간의 연구 결과를 책으로 출판하였는데 주위의 커다란 관심을 일으켰습니다. 이때의 책은 여러 나라 말로 번역될 정도였답니다.

주변 사람들은 나의 성격을 아주 좋게 말합니다. 인자한 모습에 연구도 잘한다고요. 헨리 백작은 이러한 나에게 물심양면으로 아낌없는 후원을 해 주었습니다. 덕분에 나는 연구에만 전념할 수 있었습니다. 능력 있는 다른 몇몇 수학자에게도 도움과 격려를 주었던 백작에게 지금도 고마움을 전하고 싶습니다.

아차차, 간단히 나를 소개하려 했는데……. 생각지 않게 길어졌네요. 많이 지루했지요? 자, 그럼 지금부터 수업을 시작해 볼까요!

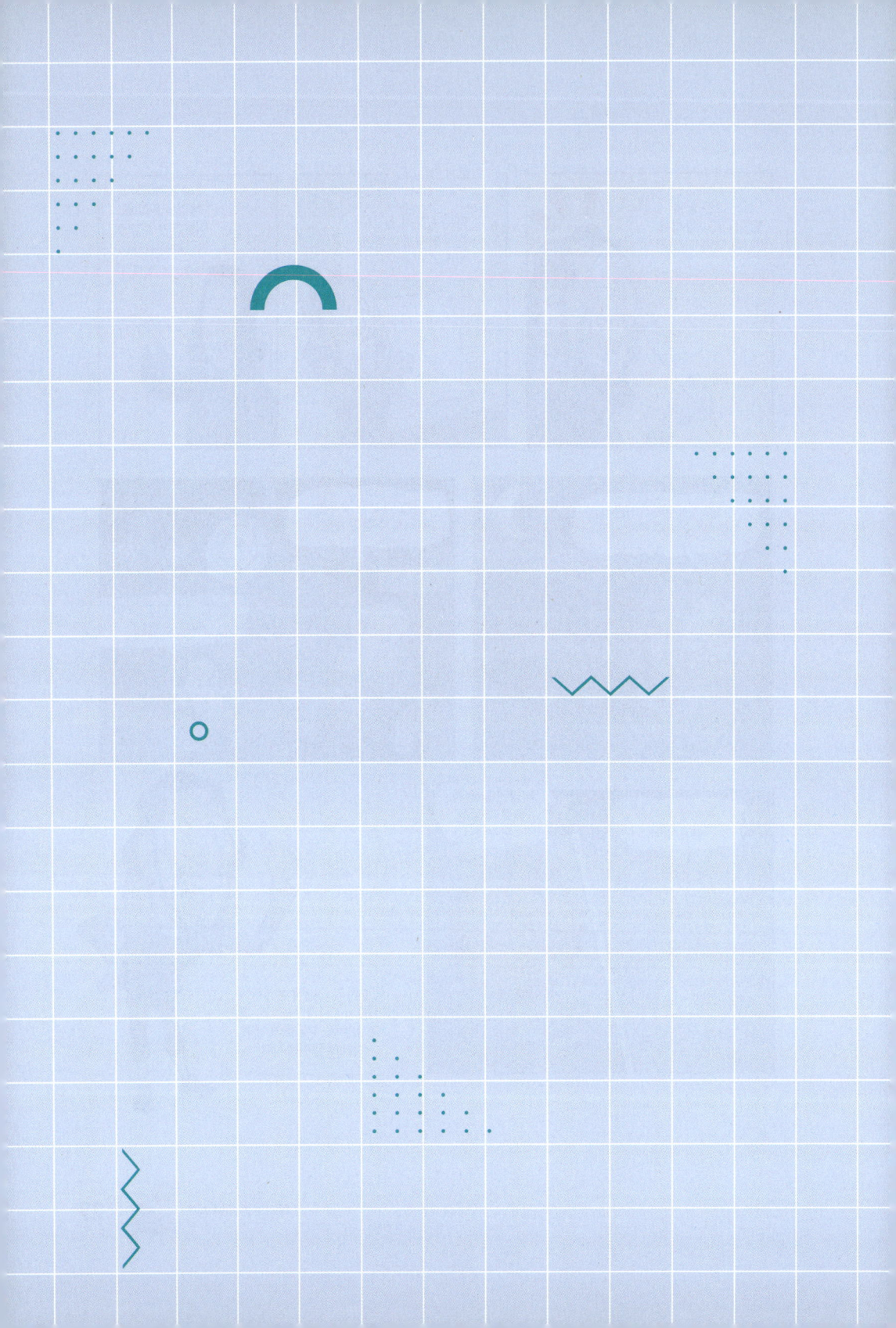

1교시

부등식의 성질과 부등식 만들기

부등식의 여러 성질을 알아보고, 부등식을 만들어 봅니다.

수업 목표

1. 부등식의 여러 성질을 알아봅니다.
2. 실제 상황에서 부등식을 만들어 봅니다.

 미리 알면 좋아요

1. **식 세우기** 문제를 해결하려면 문제 상황을 먼저 이해하고 조건에 맞는 식을 세워야 합니다. 적당한 그림을 그리고 문자나 기호를 이용하여 조건에 맞는 식을 세웁니다.

2. **일차부등식 만들기** 크기를 비교할 수 있는 것은 등호나 부등호로 나타낼 수 있습니다.

해리엇의 첫 번째 수업

안녕하세요? 여러분과 이차부등식을 공부할 해리엇입니다. 여러분과의 첫 수업이라 떨리는군요. 이차부등식을 공부하기 전에 먼저 부등호와 그 쓰임에 대하여 생각해 봅시다.

해리엇 선생님과 반갑게 인사를 나눈 학생들의 눈이 반짝반짝 빛이 났습니다. 수업에 집중하는 학생들을 보자 해리엇 선생님은 몹시 행복했습니다.

부등호는?

여러분은 다음 표지판을 본 적이 있나요?

흔히 고속 도로에서 볼 수 있는 표지판입니다. 이것은 자동차의 운행 속도를 제한해 줍니다. 아무리 빨리 달려도 최고 시속 110km를 넘을 수 없고, 또한 너무 천천히 가면 다른 차 운전에 방해되므로 최저 시속 60km는 되어야 한다는 뜻입니다. 이것을 부등호로 표시하면 다음과 같습니다.

$$60 \leq (자동차의\ 운행\ 속도) \leq 110$$

어느 교실에서는 새 학년, 새 학기가 되어서 학생들 간에 키를 재어 자리를 정하게 되었습니다. 키가 클수록 뒤에 앉을 수 있지요. 기범이가 수영이보다 키가 커서 뒷자리에 앉게 되었습니다. 수영이는 기분이 좋지 않았지만, 어쩔 수 없었지요. 이런 상황도 부등식으로 표현할 수 있겠죠?

(수영의 키) < (기범의 키)

로 나타낼 수 있습니다.

또한 '동생의 키가 형의 키보다 작다.'도 (동생의 키) < (형의 키)로 나타냅니다. '~보다 무겁다' 혹은 '~가 더 많다' 할 때도 부등호로 나타내면 간단하고, 상황을 이해하기가 더 쉽습니다.

이처럼 부등호는 우리 주변 곳곳에서 사용할 수 있습니다. 사실 우리 주위에는 같은 것보다 다른 것이 훨씬 많으니까요.

이제 부등식을 배워 볼까요? 이미 여러분은 일차부등식을 공부한 바 있습니다. 복습을 할 겸 간단한 예부터 시작하겠습니다.

최대 몇 개의 사과를 살 수 있을까?

엄마는 지선이에게 심부름을 시켰습니다.

"지선아, 동네 마트에 가서 10000원으로 사 올 수 있는 만큼 많이 사과를 사 오너라. 남는 돈으로 맛있는 걸 사 먹어도 좋단다."

너무 무거울 것 같아서 동생을 데리고 동네 마트에 간 지선이는 사과가 1개에 800원 하는 것을 알 수 있었습니다.

지선이는 10000원으로 1개에 800원인 사과를 최대 몇 개 살 수 있을까요?

"사과 11개의 값은 $800 \times 11 = 8800$원, 더 살 수 있겠네요?"

"사과 12개의 값은 $800 \times 12 = 9600$원, 10000원보다 적고……."

"사과 13개의 값은 $800 \times 13 = 10400$원, 10000원을 넘는데요? 즉, 주어진 10000원으로 최대 12개까지 살 수 있습니다!"

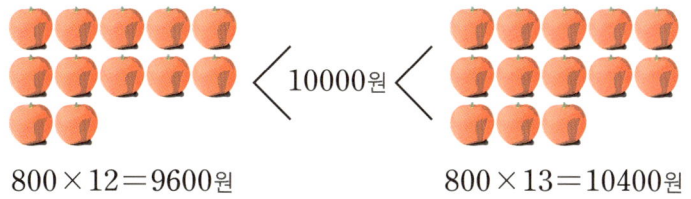

$$800 \times 12 = 9600원 \qquad 800 \times 13 = 10400원$$

하지만 이렇게 일일이 수를 대입하지 않고 식을 세워서 문제를 해결할 수는 없을까요? 만약 사과 x개를 산다고 하면 사과 값은 $800 \times x$가 되고 그 값은 10000원을 넘지 않아야 하므로 다음과 같이 나타낼 수 있습니다.

$$800 \times x \leq 10000$$

여러분이 매우 잘 아는 일차부등식입니다. 여기서 x를 구하는 방법도 잘 알고 있고요. 양변을 800으로 나누면 $x \leq \dfrac{10000}{800} = 12.5$가 됩니다. x는 사과의 개수니까 자연수이고, 따라서 최대 12개의 사과를 살 수 있습니다.

내 저축액은 언제 동생 것보다 많아질까?

빈이와 동생은 은행에 갔습니다. 동생은 최신 게임기를 사기 위해 매달 6000원씩 저축하고 있었고, 그날도 한 달에 한 번 저축하는 날이었습니다. 빈이는 함께 은행에 갔다가 자신보다 동생의 저축액이 더 많은 것을 알았습니다. 동생은 50000원이, 자신은 30000원이 저축되어 있었죠. 빈이는 '그래도 내가 형인데, 동생보다 좀 더 모아야 하지 않을까?'라는 생각이 들었지요. 그래서 이제부터라도 동생처럼 용돈을 절약하여, 매달 일정한 금액을 은행에 저축하려 합니다.

다음 달부터 빈이는 10000원씩 동생은 6000원씩 저축한다면 빈이가 동생의 저축액보다 많아지는 것은 언제일까요? 한 달, 두 달 또는 n달 후의 각자 저축액은 다음 표와 같습니다.

	빈이의 저축액	동생의 저축액
현재	30000	50000
1달 후	$30000+10000$	$50000+6000$
2달 후	$30000+10000 \times 2$	$50000+6000 \times 2$
3달 후	$30000+10000 \times 3$	$50000+6000 \times 3$
……	……	……
n달 후	$30000+10000 \times n$	$50000+6000 \times n$

위 표에서 $30000+10000 \times n > 50000+6000 \times n$일 때 빈이의 저축액이 동생 것보다 많아지겠지요. 위 부등식을 풀면 아래와 같습니다.

$$4000 \times n > 20000$$
$$n > 5$$

따라서 5개월 때 같아지고 그다음 달부터 빈이의 저축액이 동생보다 많아집니다.

　이처럼 부등호를 사용한 부등식을 세워서 문제를 편리하게 해결할 수 있습니다. 이 책에서 여러분은 이차부등식을 공부할 것이지만, 이차부등식의 성질은 일차부등식과 거의 같습니다. 따라서 일차부등식의 성질을 먼저 복습하도록 하겠습니다.

　일차부등식에서는 다음과 같은 성질이 성립합니다.

(1) 양변에 같은 수를 더해도 부등호 방향은 변하지 않습니다.
즉, $ax>b$이면 $ax+c>b+c$가 성립합니다.
(2) 양변에서 같은 수를 빼도 부등호 방향은 변하지 않습니다.
즉, $ax>b$이면 $ax-c>b-c$가 성립합니다.
(3) 양변에 같은 양수 d를 곱해도 부등호 방향은 변하지 않습니다.
즉, $ax>b$이면 $ax \times d > b \times d$가 성립합니다.
(4) 양변을 0이 아닌 같은 양수 d로 나누어도 부등호 방향은 변하지 않습니다.
즉, $ax>b$이면 $\dfrac{ax}{d} > \dfrac{b}{d}$가 성립합니다.

음수로 곱하거나 나눌 때는 상황이 다릅니다.
(5) 양변에 같은 음수 e로 곱할 때 부등호 방향은 바뀝니다.
즉, $ax > b$이면 $ax \times e < b \times e$가 성립합니다.

(6) 양변을 0이 아닌 같은 음수 e로 나눌 때 부등호 방향은 바뀝니다.

즉, $ax \bigcirc b$이면 $\dfrac{ax}{e} \bigcirc \dfrac{b}{e}$가 성립합니다.

위 성질을 이용하여 많은 문제를 쉽게 해결할 수 있었습니다. 이것은 뒤에서도 계속 이용될 것이기 때문에 잘 이해하고 기억해 두길 바랍니다.

이제 이차부등식 내용이 기다려집니다. 선생님은 벌써부터 설레는데, 여러분도 슬슬 기다려지나요?

주말농장

빈이네 가족은 주말농장에 도착했습니다.

온 식구가 밭을 만들고 모종을 심기로 했어요. 물 주기가 쉬운 냇가 쪽으로 장소를 정하고 길이가 12m 되는 철망으로 직사각형 모양의 야트막한 울타리를 만들려고 합니다. 그런데 밭의 크기는 16m²를 넘을 수 없다고 합니다. 울타리를 어떻게 설치하면 될까요? 냇가 쪽은 울타리가 필요 없으니 세 면에 울타리를 세워야겠지요? 먼저 철망을 다음과 같이 펼쳐 보았습니다.

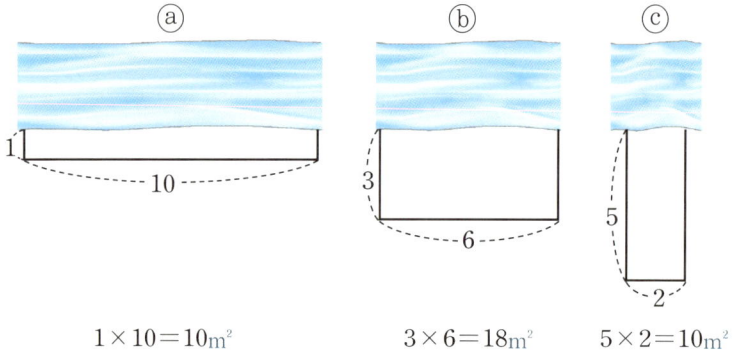

$1 \times 10 = 10 \mathrm{m}^2$ $3 \times 6 = 18 \mathrm{m}^2$ $5 \times 2 = 10 \mathrm{m}^2$

양쪽 세로의 길이를 길게 하면 가로가 짧아집니다. ⓑ를 보면 양쪽 둘보다는 넓지만 우리가 구하려는 넓이는 아니네요. 수학을 좋아하는 빈이는 연필을 빼 들었어요.

"먼저 한쪽 세로를 xm라 하면 직사각형이니까 나머지 세로도 xm가 되겠네요? 그러면 위쪽 가로는 얼마가 되는 거지? 아하, 전체 철망의 길이가 12m였다고 했으니까, 세 변의 길이를 합한 것이 12m가 되어야 하고……. 아, 알았다. 가로는 $(12-2x)$m가 되어야겠네요. 그렇다면…… 이때 밭의 넓이는 $x(12-2x)$입니다!"

그런데 이 값이 '16m²를 넘을 수 없다.'라는 조건을 기억하나요? 이것을 식으로 써 보면 $x(12-2x) \leq 16$가 되겠지요.

어때요? 좌변이 x에 관한 이차식, 즉 이차부등식입니다. 이 이차부등식을 만족하는 x의 범위가 우리가 구하려는 밭의 세로의 길이가 됩니다. 세로의 길이를 알면 당연히 가로의 길이도 알 수가 있겠죠? 이처럼 최고차항이 이차인 부등식을 이차부등식이라 합니다.

축구공이 공중에 떠 있는 시간은?

또 다른 예를 찾아볼까요? 여러분, 다들 축구 좋아하나요? 경기 중에 한 선수가 축구공을 발로 차면 관중의 눈은 그 공을 따라 움직입니다. 발로 찬 축구공의 t초 후의 높이가 이차식 $(18t - 4.5t^2)$을 만족한다고 할 때, 이 공은 몇 초 동안 공중에 떠 있을까요? 그것을 어떻게 알 수 있을까요?

공중에 떠 있다는 것은 공의 높이가 0보다 크다는 뜻입니다. 즉, 다음 이차부등식의 해 t의 범위를 구하여 알 수 있지요.

$$18t - 4.5t^2 > 0$$

여기서 이차식 $(18t-4.5t^2)$은 공의 높이를 나타내므로, 공이 지상 1.5m 높이에 있을 시간은 $18t-4.5t^2>1.5$의 해를 구하여 알 수 있습니다.

이 해를 구하는 방법은 다음 시간에 자세하게 알아보도록 하겠습니다.

아르키메데스의 부등호

기원전 3세기에 살았던 아르키메데스는 고대 그리스의 가장 위대한 과학자이자 수학자입니다. 수학에서의 두드러진 업적은 그의 창의적인 증명 방법에 있습니다. 당시에는 오늘날과 같은 부등호의 기호는 없었지만, 아르키메데스는 발상 전환을 통하여 수학적 사실을 독창적으로 증명하였습니다.

예를 들자면…… 다음은, 반지름을 아는 원의 넓이를 구하는 문제입니다. 사람들은 그때까지 원의 넓이를 구하는 정확한 방법을 알지 못했습니다. 아르키메데스는 '반지름이 r인 원의 넓이는 높이가 r이고, 밑변이 원의 둘레 $2\pi r$인 직각삼각형의 넓이와 같다.'라고 하였습니다.

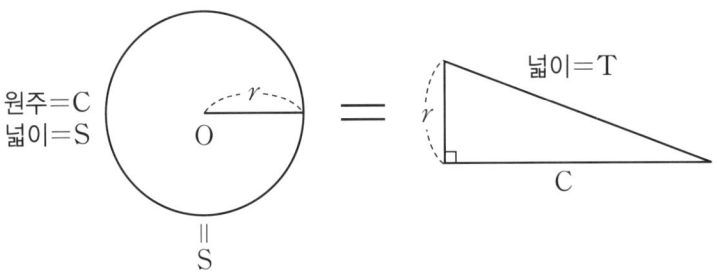

 직각삼각형 넓이는 구할 수 있었지요. (밑변)×(높이)×$\frac{1}{2}$이 니까 $2\pi r \times r \times \frac{1}{2} = \pi r^2$, 우리가 잘 아는 원의 넓이입니다. 그런데 문제는 증명해야 하는 것이었지요. 막연한 추측만으로는 수학에서 참인 명제라고 할 수 없잖아요. 여러분이라면 어떻게 증명할 수 있을까요? 갑작스러운 질문에 당황스럽나요?

 걱정하지 마세요. 아르키메데스의 위대한 증명은 여러분의 걱정과는 달리 그리 복잡하지 않습니다. 간단한 원리에서 시작하기 때문입니다. 원의 넓이를 S, 직각삼각형의 넓이를 T라고 하면 원의 넓이는 직각삼각형의 넓이보다 크거나 같거나 혹은 작겠지요. 즉, S>T, S=T, S<T 이렇게 세 가지 경우가 있겠지요? 여기서 S=T임을 증명하려면 S>T나 S<T가 거짓임

을 증명하면 될 것입니다.

　아르키메데스는 먼저 S>T라고 가정할 때 이것의 모순이 됨을 보였습니다. 여기서 잠깐 그의 천재성을 들여다봅시다.

　먼저 S>T를 가정하면 S−T>0이므로 이것은 S−T가 어떤 양수 값을 가진다는 뜻입니다.

　당시 아르키메데스가 원의 넓이를 구하는 방법은 이렇습니다. 즉, 원의 내부에 정사각형을 내접시키면 원과 정사각형의 넓이 차이가 크니까 다시 정팔각형을 내접시켰고, 또 정십육각형을 내접시켰습니다. 이렇게 해서 원과의 넓이 오차가 줄어든다는 사실을 이용하고 있었지요. 당시 정구십육각형까지 내접시켜서 원과의 넓이 오차를 줄였던 그는 n을 크게 한, 정n각형의 넓이를 구함으로써 원하는 오차 범위 내에서 원의 넓이를 구할 수 있었습니다.

$$S-(\text{내접하는 정다각형의 넓이})<S-T$$

　이 부등식의 양변에 '(내접다각형의 넓이)+T−S'를 더하면 다음을 얻습니다.

T＜(내접다각형의 넓이)

……①

그러나 이 다각형은 원에 내접하는 다각형이므로 다각형의 둘레는 원둘레보다는 작습니다. 원의 중심에서 다각형의 각 변까지의 거리를 t라고 하면 $t<r$이므로 다음이 성립합니다.

(내접다각형의 넓이)$=\frac{1}{2}t$(다각형의 둘레)$<\frac{1}{2}r$(원둘레)$=$T

……②

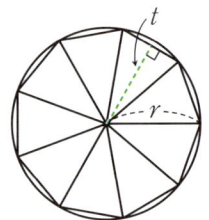

즉, ①과 ②에서 모순을 보임으로써 처음 S＞T의 가정이 잘못됨을 증명했습니다. 마찬가지로 S＜T인 경우는 원의 외접다각형과의 관계에서 같은 모순이 있음을 보였습니다.

그러면 남은 것은 한 가지! S＝T입니다. 즉, 처음 가정한 '반지름이 r인 원의 넓이는, 높이가 r이고 밑변이 원의 둘레 $2\pi r$인 직각삼각형의 넓이와 같다.'라는 사실을 명쾌하게 증명했습니다.

이러한 증명 방법을 이중 귀류법이라고 합니다. '세 가지 경우에서 모순을 이끌어 내어 두 가지를 제거하는 증명 방법'입니다. 물론 이것은 요즘에야 흔한 증명 방법이지만 당시만 해도 수학자들이 생각지 못했던 방법이었답니다. 하지만 놀랍게도 아르키메데스는 이러한 독창적인 아이디어를 이용하였습니다.

아르키메데스가 살았던 2300여 년 전이나 지금이나 부등호를 사용한 부등식의 개념은, 이처럼 변함없이 문제 해결에 중요한 열쇠입니다.

수업 정리

❶ 문제 해결을 위하여 조건에 적합한 식을 세웁니다. 이때 등호나 부등호를 이용하여 문제 상황을 정리합니다.

❷ 일차부등식에서 다음과 같은 성질이 성립합니다.

① 양변에 같은 수를 더해도 부등호 방향은 변하지 않습니다.

즉, $ax>b$이면 $ax+c>b+c$가 성립합니다.

② 양변에 같은 수를 빼도 부등호 방향은 변하지 않습니다.

즉, $ax>b$이면 $ax-c>b-c$가 성립합니다.

③ 양변에 같은 양수 d를 곱해도 부등호 방향은 변하지 않습니다.

즉, $ax>b$이면 $ax \times d > b \times d$가 성립합니다.

④ 양변을 0이 아닌 같은 양수 d로 나누어도 부등호 방향은 변하지 않습니다.

즉, $ax>b$이면 $\dfrac{ax}{d} > \dfrac{b}{d}$가 성립합니다.

음수로 곱하거나 나눌 때는 상황이 다릅니다.

⑤ 양변에 같은 음수 e로 곱할 때 부등호 방향은 바뀝니다.

즉, $ax > b$이면 $ax \times e < b \times e$가 성립합니다.

⑥ 양변을 0이 아닌 같은 음수 e로 나눌 때 부등호 방향은 바뀝니다.

즉, $ax > b$이면 $\dfrac{ax}{e} < \dfrac{b}{e}$가 성립합니다.

❸ 문제 상황에서 부등호를 사용하여 이차부등식을 만들 수 있습니다.

❹ 아르키메데스가 수학적 증명에 사용한 부등호의 개념을 이해할 수 있습니다.

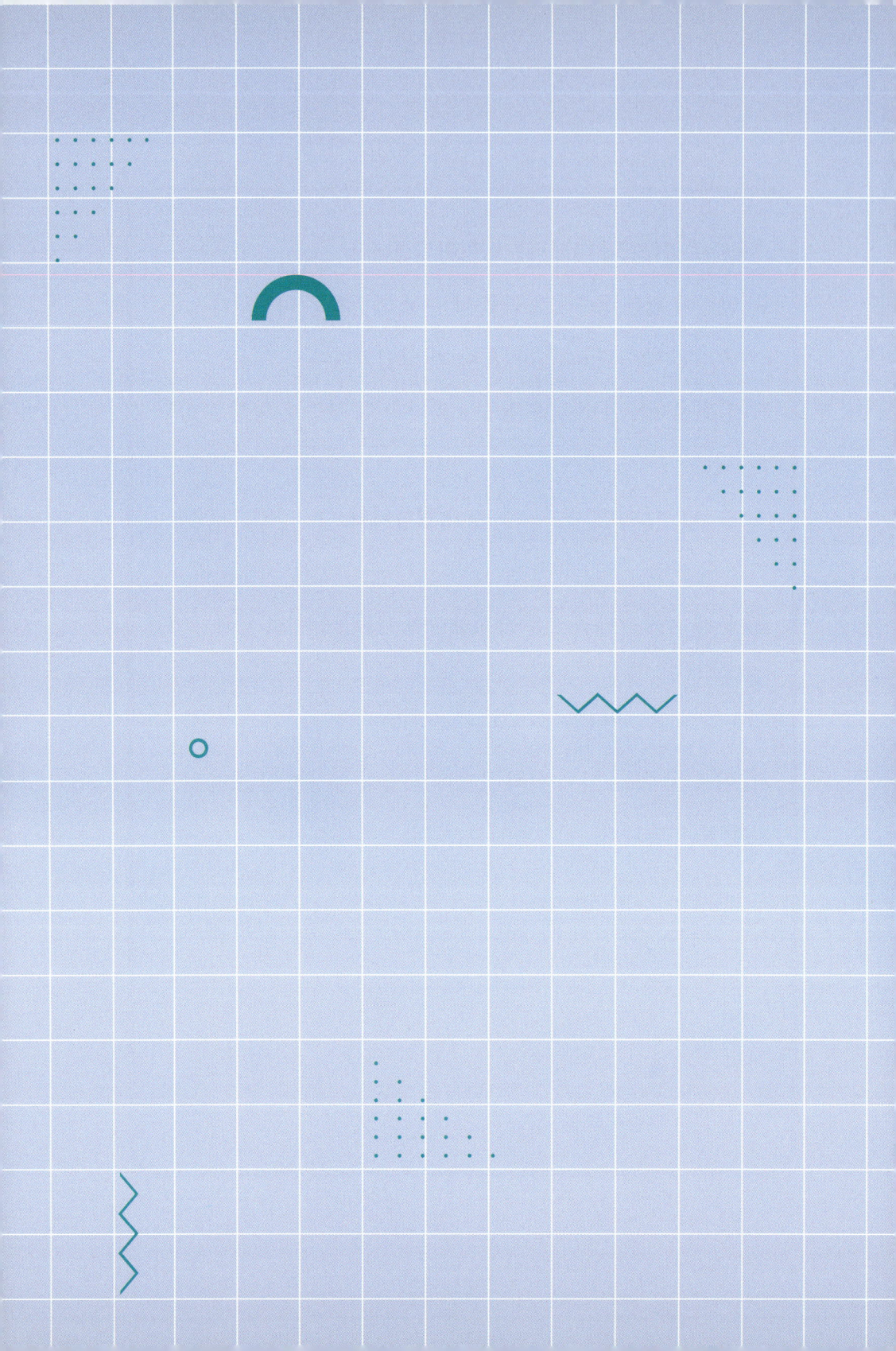

2교시

이차부등식의 풀이

이차부등식의 해집합을
어떻게 구하는지를 알아봅니다.

수업 목표

이차부등식의 해집합을 구합니다.

미리 알면 좋아요

1. 두 수의 곱이 음수이면, 두 수의 부호가 각각 다를 때입니다.

2. 두 수의 곱이 양수이면, 두 수의 부호가 둘 다 양수이거나 둘 다 음수일 때입니다.

3. 부등식 $a \leq b$는 $a < b$ 혹은 $a = b$를 의미합니다. 마찬가지로 부등식 $a \geq b$는 $a > b$ 혹은 $a = b$를 의미합니다.

해리엇의 두 번째 수업

지난 시간에 배웠던 부등식의 성질을 알고 오늘은 이차부등식의 근을 구해 보기로 합시다. 먼저 두 수의 곱의 부호에 관심을 갖고 다음을 봅시다.

$2 \times (-3) = -6 < 0$이고 $(-2) \times 3 = -6 < 0$입니다. 이처럼 양수와 음수의 곱 혹은 음수와 양수의 곱은 음수입니다. 거꾸로 두 수의 곱이 음수이면 둘 중의 하나는 양수 그리고 나머지는 음수일 때입니다. 이 사실을 일반적으로 표현해서 '두 수 a,

b에 대하여 $ab<0$이면 $a<0, b>0$ 혹은 $a>0, b<0$이다.'라고 말할 수 있습니다.

이차부등식 풀기

위 사실로부터 이차부등식 $x^2-5x+6<0$을 풀 수 있습니다. 우리는 이차식에 관한 인수분해 방법을 잘 알고 있지요. 좌변을 인수분해 하여 다시 쓰면 두 일차식 $(x-2)$와 $(x-3)$의 곱으로 이루어진 부등식 $(x-2)(x-3)<0$이 됩니다. 이 부등식을 만족하려면 $x-2<0, x-3>0$ 혹은 $x-2>0, x-3<0$일 때입니다. 일차부등식을 각각 풀어 정리하면 x에 관한 다음 범위를 얻습니다.

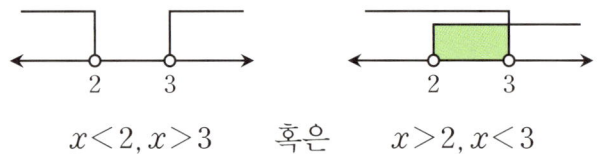

$x<2, x>3$ 혹은 $x>2, x<3$

첫 부분에서는 공통부분이 없고 두 번째에서 $2<x<3$일 때

만 부등식이 성립됩니다. 즉, 이차부등식 $(x-2)(x-3)<0$의 해집합은 $2<x<3$입니다. 다시 한번 간단하게 식으로 정리하면 다음과 같습니다.

$$x^2-5x+6<0$$
$$(x-2)(x-3)<0$$
$$2<x<3$$

이처럼 이차부등식에 등호도 같이 있는 $(x-2)(x-3)\leq0$인 경우는, $x=2$ 혹은 $x=3$일 때도 성립합니다. 이것은 부등식 $(x-2)(x-3)\leq0$이 $(x-2)(x-3)<0$ 혹은 $(x-2)(x-3)=0$을 의미하기 때문이지요. 즉, $(x-2)(x-3)\leq0$의 해집합은 $2\leq x\leq3$입니다.

그렇다면 이차부등식 $(x-2)(x-3)>0$의 해집합은 어떻게 될까요? 이것 역시 $ab>0$인 경우를 먼저 생각해 봐야 합니다. 두 수의 곱이 양수려면 각각의 부호가 어때야 할까요? 네, 맞아요. 둘 다 양수이거나 혹은 둘 다 음수라야 하겠지요. 즉, $a>0$, $b>0$ 혹은 $a<0$, $b<0$이어야 합니다.

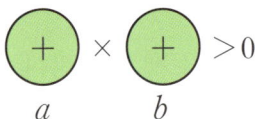 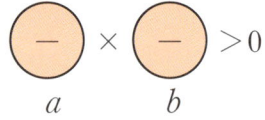

마찬가지로 두 일차식 $(x-2)$와 $(x-3)$이 둘 다 양수이거나 둘 다 음수일 때만 $(x-2)(x-3)>0$이 성립합니다. $x-2>0, x-3>0$ 혹은 $x-2<0, x-3<0$이 되지요. 이것을

더 간단히 하면 $x>2, x>3$ 혹은 $x<2, x<3$이 됩니다.

첫 부분의 공통부분은 $x>3$, 두 번째 부분의 공통부분은 $x<2$입니다. 즉, $(x-2)(x-3)>0$의 해집합은 $x>3, x<2$입니다. 역시 다시 한번 간단한 식으로 정리합니다.

$$x^2-5x+6>0$$
$$(x-2)(x-3)>0$$
$$x>3, x<2$$

같은 식에 등호도 붙은 이차부등식 $(x-2)(x-3)≥0$ 역시 $x=2$일 때와 $x=3$일 때도 성립합니다. 즉, $(x-2)(x-3)≥0$의 해집합은 $x≥3$ 혹은 $x≤2$입니다.

비슷한 형태의 이차부등식을 몇 개 더 풀어 볼까요? $(x-1)(x+3)>0$은 $x-1>0, x+3>0$ 또는 $x-1<0, x+3<0$인 경우에 만족합니다. 이를 간단히 정리하면 $x>1, x>-3$ 또는 $x<1, x<-3$이 됩니다.

앞쪽의 공통부분은 $x>1$, 뒷부분의 공통부분은 $x<-3$이 므로 이차부등식 $(x-1)(x+3)>0$의 해집합은 $x>1$ 혹은 $x<-3$입니다.

$(2x+1)(x-5)\leq 0$은 $(2x+1)$과 $(x-5)$가 서로 다른 부호여야 하고 등호도 만족해야 합니다. $2x+1\leq 0$, $x-5\geq 0$일 때는 공통부분이 없습니다. 하지만 $2x+1\geq 0$, $x-5\leq 0$의 공통부분은 $-\dfrac{1}{2}\leq x\leq 5$입니다. 그러니까 이차부등식 $(2x+1)(x-5)\leq 0$의 해집합은 $-\dfrac{1}{2}\leq x\leq 5$입니다.

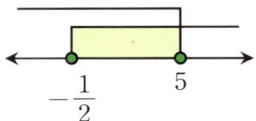

어때요? 이처럼 좌변이 두 일차식의 곱으로 되어 있는 이차부등식의 해집합을 간단히 구할 수 있겠지요? 각 일차식을 0으로 만드는 두 수를 구하고, 이차부등식의 부등호의 방향에 따라, 해집합은 두 수의 사이가 되거나 두 수의 양쪽이 되기도 합니다.

앞의 예에서 알 수 있듯이 두 수 α, β(편의상 $\alpha<\beta$로 약속합니다.)에 대하여 이차부등식 $(x-\alpha)(x-\beta)<0$의 해집합은 $\alpha<x<\beta$가 되겠지요. 또한 $(x-\alpha)(x-\beta)\leq 0$의 해집합은 $\alpha\leq x\leq\beta$입니다.

같은 조건의 α, β를 갖고 부호가 서로 반대인 이차부등식 $(x-\alpha)(x-\beta)>0$의 해집합은 $x<\alpha$, $x>\beta$가 되겠지요. 또한 등호가 붙은 이차부등식 $(x-\alpha)(x-\beta)\geq 0$의 해집합은 $x\leq\alpha$, $x\geq\beta$입니다.

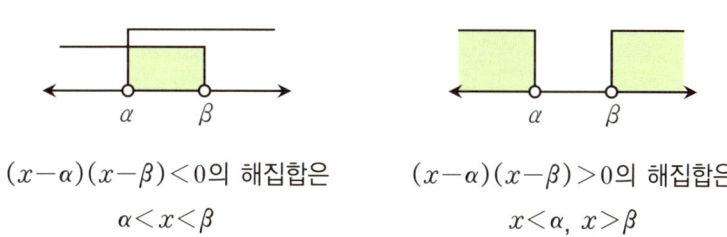

$(x-\alpha)(x-\beta)<0$의 해집합은
$\alpha<x<\beta$

$(x-\alpha)(x-\beta)>0$의 해집합은
$x<\alpha$, $x>\beta$

유리수로 인수분해가 되지 않는 이차부등식 풀이

다음은 이차부등식 $x^2-2x-1<0$의 해집합을 구해 볼까요?
"선생님, 좌변의 이차식이 정수계수를 갖는 식으로 인수분해가 되질 않아요."

너무 걱정하지 마세요. 이차방정식의 근을 구하는 공식을 잘 아는 여러분에게 문제 될 게 없으니까요. a, b, c가 임의의 수이고 $a \neq 0$일 때, 이차방정식 $ax^2+bx+c=0$의 두 근을 구하는 식은 $x=\dfrac{-b\pm\sqrt{b^2-4ac}}{2a}$ 입니다.

방정식 $x^2-2x-1=0$에서 $a=1$, $b=-2$ 그리고 $c=-1$이 므로 왼쪽에 제시된 공식에 대입하면 방정식의 두 근은 $\alpha=1-\sqrt{2}$와 $\beta=1+\sqrt{2}$임을 알 수 있습니다. 따라서 $x^2-2x-1<0$의 해집합은 $1-\sqrt{2}<x<1+\sqrt{2}$입니다.

등호가 붙은 이차부등식 $x^2-2x-1\leq0$의 해집합도 문제없습니다. 이 이차부등식의 해집합은 $1-\sqrt{2}\leq x\leq1+\sqrt{2}$입니다. 부등호의 방향을 거꾸로 해 볼까요? 이차부등식 $x^2-2x-1\geq0$의 근은 $x\leq1-\sqrt{2}$이거나 $x\geq1+\sqrt{2}$입니다.

이차부등식 $x^2-2>0$의 해집합도 같은 방법으로 구할 수 있습니다. $x^2-2=(x-\sqrt{2})(x+\sqrt{2})$이므로 $x^2-2>0$의 해집합은 $x<-\sqrt{2}$ 또는 $x>\sqrt{2}$입니다. 그러면 $x^2-2\leq0$의 해집합은? 네, 잘 알고 있군요. $-\sqrt{2}\leq x\leq\sqrt{2}$입니다. 아주 쉽죠?

이차식을 한쪽으로 이항하기

또 다른 이차부등식 $x^2>8+2x$가 있습니다. 기억하나요? 모든 항을 좌변으로 이항하여 (방정식)=0의 꼴로 바꾸어 해집합을 구했던 것을요. 바로 이 방법을 고안한 게 바로 나, 해리엇입니다. 이 이차부등식에도 적용할 수 있습니다.

부등식 $x^2>8+2x$의 오른쪽 항들을 왼쪽으로 이항하면 $x^2-2x-8>0$의 기본적 형태가 됩니다. 이를 다음과 같이 풀 수 있습니다.

$$x^2>8+2x$$
$$x^2-2x-8>0$$
$$(x+2)(x-4)>0$$
$$x<-2 \text{ 또는 } x>4$$

즉, x는 -2보다 작거나 혹은 4보다 크다고 할 수 있습니다. 여기서 잠깐 주의할 것이 있답니다. 이차부등식 $8-x^2<-2x$가 있습니다. 잘 관찰해 보세요. 여태껏 보아 왔던 이차부등식과 무엇이 다른가요? 찾았나요? 네, 맞습니다. 이차식의 부호가 음수입니다. 그러면 지금부터 푸는 과정을 잘 보세요.

먼저 오른쪽 항을 왼쪽으로 이항하면 $-x^2+2x+8<0$이 됩니다. 이를 다시 인수분해 하면 $(-x-2)(x-4)<0$이 됩니다. 그러므로 왼쪽의 이차식에서 작은 근 $\alpha=-2$, 큰 근 $\beta=4$가 됩니다. 어때요, 맞나요? 결국 이차부등식 $(-x-2)(x-4)<0$는 부등호의 방향에 따라 해집합은 $-2<x<4$가 되는 것이지

요. 다들 이해할 수 있겠죠?

"네, 어? 해리엇 선생님! 좀 전에 푼 부등식 $x^2>8+2x$와 지금의 부등식 $8-x^2<-2x$는 같은 거 아닌가요? 이항은 어느 쪽으로 해도 상관없으니까 두 식을 한쪽 방향으로 이항하고, 부호를 맞추면 같은 부등식이 되는데요? 그런데…… 왜 답이 다른 걸까요?"

"어, 정말?"

여러분, 정말 똑똑한데요! 그러면 어디에서 잘못된 걸까요? 어디부터 틀린 걸까요?

$(-x-2)(x-4)<0$이 익숙하지 않지요? $-x^2+2x+8<0$에서 좌변을 인수분해 했는데, 방정식 $-x^2+2x+8=0$을 인수분해 할 때는 먼저 양변에 $-$를 곱해서 x^2의 부호를 $+$로 만들었지요. 그렇다면 여기서도 인수분해 하기 전에 그렇게 하면 어떻게 될까요? 부등식 $-x^2+2x+8<0$의 양쪽에 $-$를 곱하면 부등호의 방향이 바뀌니까 $x^2-2x-8>0$이 되는군요. 어떤가요? 먼저 풀었던 부등식과 같아져서 답이 똑같아지는 것을 확인할 수 있겠죠!

그런데 아직 잘 모르는 학생도 있는 것 같군요. 앞서 인수분해 한 부등식 $(-x-2)(x-4)<0$을 다시 한번 자세히 보겠습니

다. 두 일차식 $(-x-2)$와 $(x-4)$의 곱이 음수니까 부호가 서로 달라야 합니다. 그러므로 $-x-2>0, x-4<0$ 또는 $-x-2<0, x-4>0$이어야겠지요. 여기서 일차부등식을 풀면 $x<-2, x<4$ 또는 $x>-2, x>4$가 된답니다. 앞의 공통부분은 $x<-2$, 뒤쪽의 공통부분은 $x>4$입니다. 즉, 이차부등식 $(-x-2)(x-4)<0$ 의 해집합은 $x<-2$ 또는 $x>4$가 맞습니다.

따라서 부등식의 부등호 방향만으로 해집합의 방향을 결정 짓는 것은 옳지 않습니다. 반드시 이차항 계수의 부호를 확인 해야 합니다. 이차항의 계수를 항상 양수로 바꾸어 놓으면 문 제 될 것이 없답니다.

이제는 잘 알겠죠? 그래도 혹시 모르니 이차부등식에 관한 복습 문제를 풀어 보겠습니다.

$$7x - x^2 < 10$$

먼저 한쪽으로 모든 항을 이항하여 내림차순으로 씁니다.

$$-x^2 + 7x - 10 < 0$$

다음은 이차항의 부호를 양수로 만들기 위해 부등식의 양변에 -1을 곱합니다. 여기서 조심할 것은 '부등식의 양변에 음수를 곱할 때는 부등호의 방향이 바뀐다.'라는 사실인데, 꼭 명심해야 합니다.

$$-x^2+7x-10<0$$
$$x^2-7x+10>0$$
$$(x-2)(x-5)>0$$
$$x<2 \text{ 또는 } x>5$$

즉, x는 2보다 작거나 혹은 5보다 크다고 할 수 있습니다. 이렇게까지 설명했는데 모르는 학생은 없겠죠? 오늘 수업은 여기까지예요. 다음 시간에는 '이차함수와 이차부등식의 관계'에 대해 알아보겠습니다. 그럼 안녕히.

수업정리

두 수 α, β가 $\alpha < \beta$을 만족할 때 이차부등식,

(1) $(x-\alpha)(x-\beta) < 0$의 해집합은 $\alpha < x < \beta$입니다.

(2) $(x-\alpha)(x-\beta) \leq 0$의 해집합은 $\alpha \leq x \leq \beta$입니다.

(3) $(x-\alpha)(x-\beta) > 0$의 해집합은 $x < \alpha, x > \beta$입니다.

(4) $(x-\alpha)(x-\beta) \geq 0$의 해집합은 $x \leq \alpha, x \geq \beta$입니다.

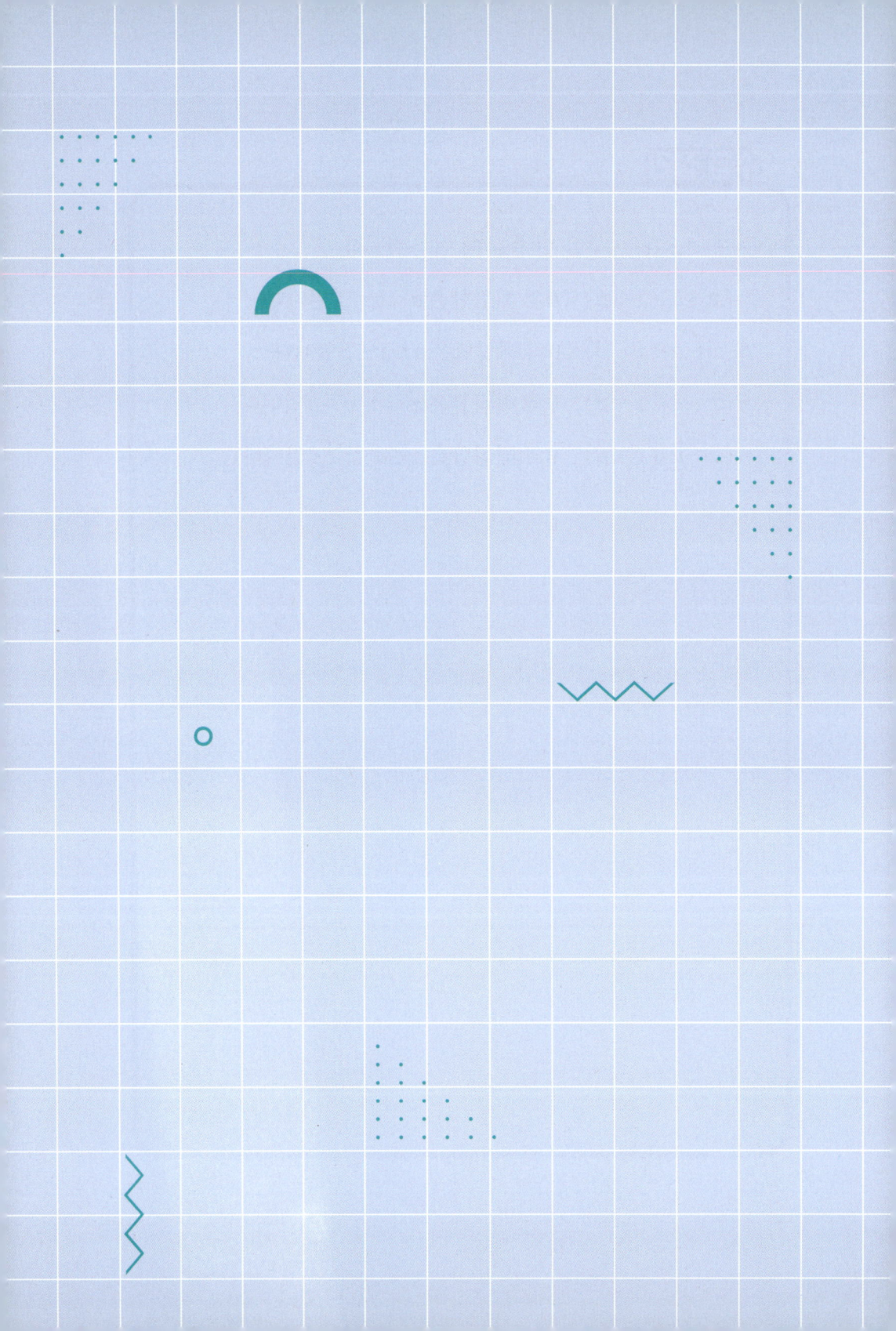

3교시

이차함수와 이차부등식의 관계

이차함수와 이차부등식과의 관계를 알아봅니다.

수업 목표

이차함수와 이차부등식과의 관계를 이해합니다.

 미리 알면 좋아요

1. **이차함수의 그래프** 이차함수 $y=ax^2+bx+c$의 그래프 모양은 포물선입니다. a, b, c의 값에 따라 포물선은 x축과 두 점에서 만나거나, 한 점에서 만나거나 혹은 만나지 않을 수도 있습니다.

2. 직선 x축을 나타내는 식은 $y=0$입니다.

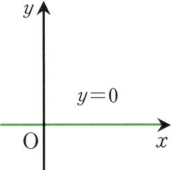

해리엇의
세 번째 수업

안녕하세요, 다들 잘 지냈나요? 벌써 세 번째 수업 시간이 되었네요. 오늘은 이차함수와 이차부등식과의 관계를 알아보려고 합니다. 결론부터 말하자면 이차부등식은 이차함수와 아주 밀접한 관계가 있습니다. 이차함수의 그래프를 이용하면 이차부등식의 근을 구하기가 쉬워지기 때문입니다.

일반적인 이차방정식 $ax^2+bx+c=0$의 좌변과 우변을 각각 y로 놓으면 두 식 $y=ax^2+bx+c$와 $y=0$으로 쓸 수 있습니다.

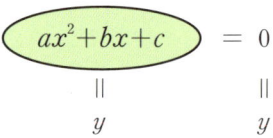

$y=ax^2+bx+c$는 여러분에게 익숙한 이차함수이고, $y=0$은 좌표상에서 x축을 나타냅니다. 이차함수 그래프가 포물선이라는 사실은 누구나 알고 있지요? 포물선을 나타내는 식과 x축을 나타내는 식을 연립한 이차방정식의 근을 구하려면, 좌표상에서 포물선과 x축과의 교점을 구하면 된답니다. 이러한 사실은 이미 이차방정식에서 공부한 내용입니다.

여기에서 우리의 관심은 이차부등식입니다. 따라서 이러한 생각을 이차부등식에 적용해 봅시다.

부등식 $ax^2+bx+c<0$를 이차함수로 풀기

이차부등식 $x^2-7x+10<0$의 해집합을 이차함수로 풀어봅니다. 먼저 부등식의 좌변 $x^2-7x+10$을 y라 놓고, 즉 $y=x^2-7x+10$라 하고 좌표상에 이 함수의 포물선을 그립니다. 이 포물선은 $x^2-7x+10=(x-2)(x-5)$로 인수분해 되어 x축과 2와 5에서 만납니다. 다음으로 부등식 $x^2-7x+10<0$의 우

변 0을 다시 y라 하고, 즉 $y=0$이라 놓으면 이 식은 같은 좌표 상에 직선 x축을 나타냅니다.

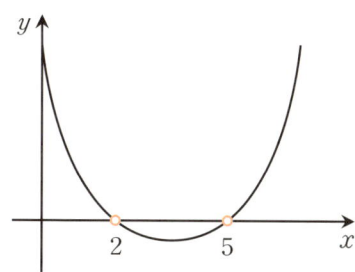

부등식 $x^2-7x+10<0$은 포물선 $y=x^2-7x+10$을 나타내는 좌변이, x축을 나타내는 우변 $y=0$보다 작다는 것을 의미합니다. 즉, 포물선이 x축 아래에 있어야 합니다. 포물선이 직선 x축보다 아래에 있는 x의 범위는 2와 5 사이입니다. 바로 이 구간이 우리가 구하고자 하는 이차부등식의 해집합입니다. 즉, $x^2-7x+10<0$의 해집합은 포물선이 x축과 만나는 사이의 범위인 $2<x<5$입니다.

같은 방법으로 일반적인 이차부등식 $ax^2+bx+c<0(a>0)$의 해집합을 이차함수로 구할 수 있습니다. 부등식의 좌변을 $y=ax^2+bx+c$라 놓으면 포물선이고, 우변을 $y=0$이라 놓으면 x축을 나타내는 직선입니다. 부등식 $ax^2+bx+c<0$의 부등호 방향이 <이므로 포물선이 x축 아래에 있어야 합니다.

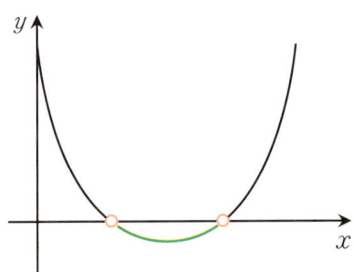

이차부등식의 해집합을 구한다는 것은 그 부등식을 만족하는 x범위를 구하는 것이므로 x축 아래에 있는 포물선 x범위가 구하는 부등식의 해집합이 됩니다.

부등식 $ax^2+bx+c>0$를 이차함수로 풀기

이번에는 이차부등식의 부등호 방향을 바꾸어 보겠습니다. $a>0$인 이차부등식 $ax^2+bx+c>0$은 부등호 방향이 >이므로 아까와는 반대로 포물선 $y=ax^2+bx+c$가 $y=0$인 x축 위쪽에 있어야 합니다.

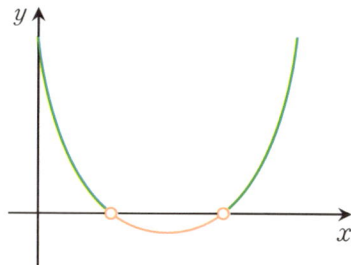

역시 이차부등식 $ax^2+bx+c>0$의 해집합은 x축 위쪽에 그려진 포물선의 x범위가 구하는 부등식의 해집합이 됩니다.

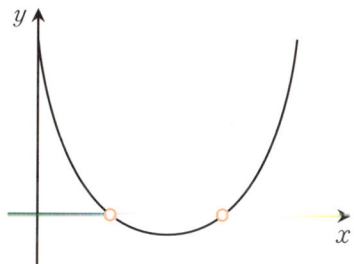

이차부등식 $x^2+2x-8>0$의 해집합을 이차함수를 이용하여 풀어 봅니다. 먼저 포물선 $y=x^2+2x-8$을 좌표상에 그립니다. $x^2+2x-8=(x+4)(x-2)$이므로 x축과의 교점은 -4와 2입니다. 부등식의 부등호 방향에 따라 포물선이 x축 위쪽에 있어야 하므로 아래 그림과 같이 양쪽 포물선이 나타내는 x의 범위, 즉 $x<-4$ 또는 $x>2$이 이차부등식 $x^2+2x-8>0$의 해집합이 됩니다.

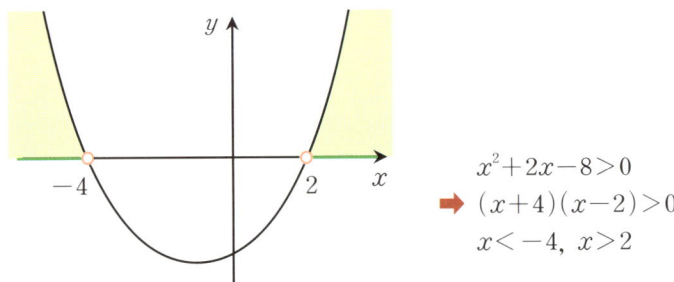

다음과 같이 정리하여 봅시다.

이차방정식 $ax^2+bx+c=0(a>0)$의 두 근을 $α$와 $β$(편의상 $α<β$)라고 합시다.
$ax^2+bx+c<0$의 해집합은 포물선 $y=ax^2+bx+c$와 x축과의 교점 사이에 있는 값의 범위이고,
$ax^2+bx+c>0$의 해집합은 포물선 $y=ax^2+bx+c$와 x축과의 교점 양쪽에 있는 값의 범위이다.

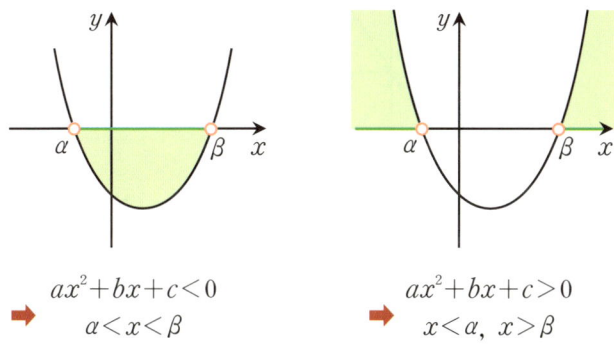

➡ $ax^2+bx+c<0$
　　$α<x<β$

➡ $ax^2+bx+c>0$
　　$x<α,\ x>β$

부등식 $x^2-6≤x$를 이차함수로 풀기

이번에는 이차부등식 $x^2-6≤x$를 이차함수로 풀어 보겠습니다. 물론 전 시간에 공부한 대로 모든 항을 좌변으로 이항하여 해결할 수도 있지만, 이번에는 약간 다른 방법을 생각해 보겠습니

다. 부등식 $x^2-6 \leq x$의 좌변 (x^2-6)을 y라 놓고, 즉 $y=x^2-6$. 우변 x 역시 $y=x$라 놓아 각각을 한 좌표상에 그립니다. 이차함수 $y=x^2-6$은 포물선이고 $y=x$는 원점을 지나는 직선입니다. 부등식 $x^2-6 \leq x$의 부등호 $\leq$는 '포물선이 직선보다 아래쪽에 있다.'라는 의미이고 그 x의 범위가 부등식의 해집합입니다.

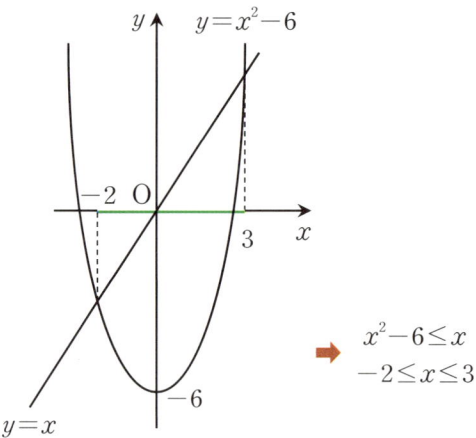

물론 포물선과 직선이 만나는 교점의 좌표를 정확히 알아야 합니다. 이는 이차방정식 $x^2-6=x$를 풀 때 가능합니다.

$$x^2-6=x$$
$$x^2-x-6=0$$

따라서 포물선과 직선은 x값이 -2와 3일 때 만납니다. 다시 말해서 이차부등식 $x^2-6 \leq x$의 해집합은 $-2 \leq x \leq 3$가 된답니다. 여러분, 이젠 잘 알겠죠?

즉, 일반적으로 $a>0$, $m\neq 0$인 이차부등식 $ax^2+bx+c\leq mx+n$의 해집합을 이차함수를 이용하여 구할 수 있습니다.

포물선 $y=ax^2+bx+c$와 직선 $y=mx+n$을 한 좌표상에 그립니다.
이차방정식 $ax^2+bx+c=mx+n$의 두 근 α와 $\beta(\alpha<\beta)$가 포물선과 직선의 두 교점의 x좌표임을 이용하여, 부등식 $ax^2+bx+c\leq mx+n$은 포물선이 직선 아래에 있는 x의 범위, 즉 $\alpha\leq x\leq\beta$가 부등식의 해집합입니다.
마찬가지로 이차부등식 $ax^2+bx+c\geq mx+n$의 해집합은 포물선이 직선 위쪽에 있는 x의 범위 $x\leq\alpha$ 또는 $x\geq\beta$임을 알 수 있습니다.

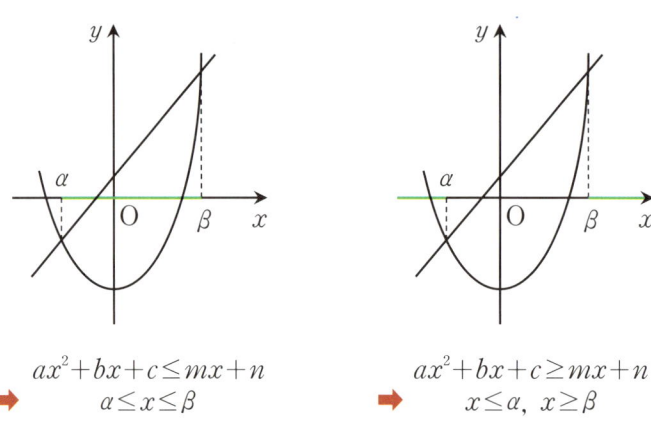

➡ $ax^2+bx+c\leq mx+n$
　　$\alpha\leq x\leq\beta$

➡ $ax^2+bx+c\geq mx+n$
　　$x\leq\alpha,\ x\geq\beta$

수업 정리

❶ $ax^2+bx+c<0$의 해집합은 포물선 $y=ax^2+bx+c$와 x축과의 교점 사이에 있는 x값의 범위입니다.

❷ $ax^2+bx+c>0$의 해집합은 포물선 $y=ax^2+bx+c$와 x축과의 교점 양쪽에 있는 x값의 범위입니다.

❸ $ax^2+bx+c\leq mx+n$의 해집합은 포물선 $y=ax^2+bx+c$가 직선 $y=mx+n$ 아래쪽에 있는 x의 범위입니다.

❹ $ax^2+bx+c\geq mx+n$의 해집합은 포물선 $y=ax^2+bx+c$가 직선 $y=mx+n$ 위쪽에 있는 x의 범위입니다.

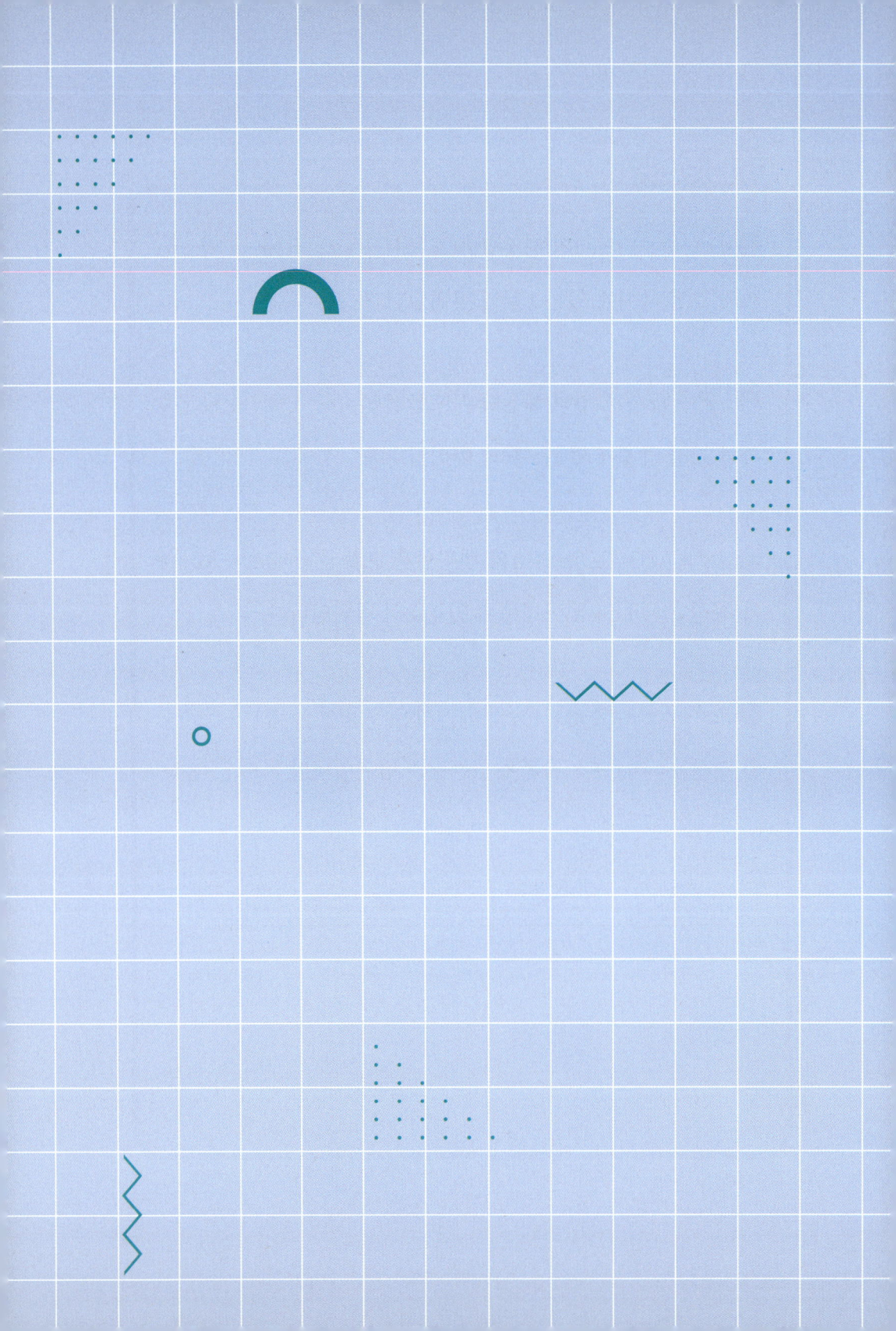

판별식과 절대부등식

4교시

판별식과 이차부등식과의 관계를 알아봅니다.

수업 목표

판별식과 이차부등식과의 관계를 알아봅니다.

미리 알면 좋아요

1. 이차방정식의 판별식이 양수이면, 이차방정식은 서로 다른 두 실근을 갖습니다.

2. 이차방정식의 판별식이 음수이면, 이차방정식은 서로 다른 두 허근을 갖습니다.

3. 이차방정식의 판별식이 0이면, 이차방정식은 중근을 갖습니다.

해리엇의 네 번째 수업

오늘은 이러한 질문으로 시작합니다.

'모든 실수를 해집합으로 갖는 이차부등식이 존재하는가?'

여러분은 어떤 것 같나요?

$$x^2+3>0, x^2+5>0, x^2+100>0, \cdots\cdots$$

이처럼 셀 수 없을 정도로 아주 많답니다. 양수인 a에 대하여 이차식 x^2+a는 항상 양수이지요. 이를 다음과 같이 나타낼 수 있습니다.

$$x^2+a>0$$

즉, 이차부등식 $x^2+a>0$은 a가 양수일 때 항상 성립합니다. 이처럼 모든 실수를 해로 갖는 부등식을 절대부등식이라 합니다.

해집합이 모든 실수인 경우는?

그러면 주어진 이차부등식의 해집합이 모든 실수인지를 어떻게 알 수 있을까요? 이 절대부등식은 이차식의 판별식과 아주 밀접한 관계를 맺고 있습니다.

여러분도 잘 알고 있겠지만 이차방정식의 해를 어떻게 구하는지 다시 한번 정리해 볼까요?

학생들은 잠시 생각하다가 큰 소리로 대답합니다.

"a, b, c가 임의의 수이고 $a\neq 0$일 때, 이차방정식 $ax^2+bx+c=0$의 두 근을 구하는 식은 $x=\dfrac{-b\pm\sqrt{b^2-4ac}}{2a}$ 입니다!"

네, 아주 잘 알고 있군요. 이러한 이차방정식의 해를 구하는 방법을 근의 공식이라 합니다. 앞의 근의 공식에서 근호 $\sqrt{}$ 속에 있는 b^2-4ac의 값을 판별식이라 하는데, 그 값이 양수이면 근호 속이 양수니까 이차방정식이 서로 다른 두 실근을 갖습니다. 그 값이 0이면 중근, 음수이면 서로 다른 두 허근을 갖게 됩니다. 즉, b^2-4ac 값의 부호에 따라 실근, 허근을 판별할 수 있다는 것을 말한답니다. 판별식은 보통 $D=b^2-4ac$로 나타냅니다.

헤리엇의 네 빈째 수업 87

$$ax^2+bx+c=0\ (a\neq 0)$$

이차방정식의 해 $x=\dfrac{-b\pm\sqrt{b^2-4ac}}{2a}$

판별식 $D=b^2-4ac$

지금부터 이 판별식이 이차부등식의 해집합과 어떤 관계가 있나 살펴볼까요? 다음 이차부등식으로 설명을 시작합니다.

판별식 D>0인 경우

이차부등식 $x^2-7x+10<0$은 이차함수와 같이 전 시간에 배웠던 부등식입니다. 기억나죠?

$$x^2-7x+10=(x-2)(x-5)<0$$

포물선 $y=x^2-7x+10$이 x축에서 2와 5에서 교점을 가지므로 이 부등식의 해집합은 $2<x<5$입니다. 이때 이차식 $x^2-7x+10$의 판별식은 $D=(-7)^2-4\times 10=9>0$입니다. 즉, 양수입니다.

판별식 D＜0인 경우

다음 이차부등식은 위의 예와 어떻게 다른지 살펴봅시다.

$$x^2+x+1>0$$

일단 인수분해가 되질 않는군요. 좌변을 완전제곱 꼴로 고치면 $x^2+x+1=\left(x+\frac{1}{2}\right)^2+\frac{3}{4}$, 여기서 $\left(x+\frac{1}{2}\right)^2 \geq 0$이고 $\frac{3}{4}>0$이므로 x에 어떤 실수를 대입해도 $x^2+x+1=\left(x+\frac{1}{2}\right)^2+\frac{3}{4}>0$을 만족합니다. 즉, 절대부등식이지요. 이때 이차식 x^2+x+1의 판별식은 $D=1^2-4\times1=-3<0$입니다. 즉, 음수입니다.

이 과정이 왜 다른지 각각의 포물선을 보며 찾아볼까요? 먼저 이차부등식 $x^2-7x+10<0$에서 좌변을 y라 할 때 포물선 $y=x^2-7x+10$의 그래프는 아래의 왼쪽 그래프입니다.

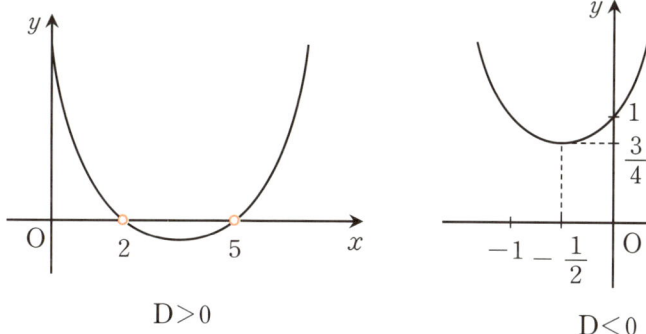

x축과 두 점에서 만나고, 판별식의 부호는 양수였지요. 이차부등식 $x^2+x+1>0$에서 좌변을 y로 놓은 포물선 $y=x^2+x+1$은 앞 페이지의 오른쪽 그래프와 같이 x축과 만나지 않습니다.

그래프를 살펴보니 포물선 $y=x^2+x+1$의 그래프는 x축 위쪽에만 그려졌네요. 따라서 모든 x값에 대하여 이차부등식

$x^2+x+1>0$이 성립합니다. 즉, $x^2+x+1>0$은 절대부등식입니다. 이때 중요한 것은 조금 전에 확인하였듯이 판별식의 값이 음수라는 겁니다. 그러면 어떨 때 이차부등식은 절대부등식이 될까요? 판별식의 부호와 어떠한 관련이 있을까요?

일반적인 이차부등식 $ax^2+bx+c \geq 0$을 완전제곱 꼴로 바꾸면 아래와 같습니다.

$$ax^2+bx+c \geq 0,\ a>0$$
$$\left(x+\frac{b}{2a}\right)^2 - \frac{b^2-4ac}{4a^2} \geq 0$$

여기서 $-\frac{b^2-4ac}{4a^2}$이 양수거나 0이면 좌변은 항상 (좌변)≥ 0이 되고, 이는 $b^2-4ac \leq 0$이면 위 부등식은 항상 성립함을 뜻합니다. 즉, 이차부등식 $ax^2+bx+c \geq 0$은 판별식 $D=b^2-4ac \leq 0$일 때 절대부등식입니다. 이 사실을 일반화하여 말할 수 있습니다.

먼저 $a>0$이라고 가정해 볼까요?

이차방정식 $ax^2+bx+c=0(a>0)$의 판별식을 $D=b^2-4ac$라고 할 때,

(1) $D>0$이면

이차부등식 $ax^2+bx+c<0$의 해집합은 $\alpha<x<\beta$입니다.
이차부등식 $ax^2+bx+c>0$의 해집합은 $x<\alpha$ 또는 $x>\beta$입니다.
이때 α와 β(편의상 $\alpha<\beta$)는 각각 $ax^2+bx+c=0$의 두 실근입니다.

(2) $D<0$이면

이차부등식 $ax^2+bx+c>0$의 근은 모든 실수입니다. 즉, 절대부등식입니다.

여기서 이차부등식 $ax^2+bx+c<0$의 근이 모든 실수인 경우가 생길 수 있을까요?

우리는 a를 양수라고 가정하였으므로 포물선 $y=ax^2+bx+c$의 모양은 위로 오목한 그래프입니다. 포물선이 x축 아래에 있다 하더라도 양쪽 끝은 언젠가는 x축 위로 올라갑니다. 즉, y값이 양수가 되지요. 따라서 이차부등식 $ax^2+bx+c<0$은 모든 실수에 대하여 만족하지는 않습니다.

판별식 D=0인 경우

다음 부등식은 이제껏 부등식과 무엇이 다를까요?

$$x^2-2x+1 \leq 0$$

네, 그렇습니다. 판별식 D=0입니다. 완전제곱 꼴 $x^2-2x+1=(x-1)^2$으로 나타낼 수 있습니다. $(x-1)^2 \leq 0$이어야 하므로 $x=1$일 때 부등식이 성립합니다. 즉, $a>0$인 이차부등식 $ax^2+bx+c \leq 0$의 판별식이 D=0이면 중근일 때만 부등식이 성립합니다.

이차부등식 $4x^2+12x+9 \geq 0$ 역시 D=0이 되고 $(2x+3)^2$으로 완전제곱 꼴입니다.

$$4x^2+12x+9=(2x+3)^2 \geq 0$$

위 부등식은 모든 실수에 대하여 항상 성립합니다. 즉, 절대부등식입니다. 이처럼 판별식과 이차부등식은 밀접한 관계가 있습니다.

아쉽지만 오늘은 여기서 수업을 끝내고자 합니다. 다음 이 시간에는 '연립이차부등식'에 대해 알아보고자 합니다. 그럼 다음 수업 때 만나요.

수업 정리

$a>0$인 이차방정식 $ax^2+bx+c=0$의 판별식을 $D=b^2-4ac$라 하면,

(1) $D>0$인 경우 (α, β는 두 실근, $\alpha<\beta$)

이차부등식 $ax^2+bx+c\leq 0$의 해집합은 $\alpha\leq x\leq\beta$입니다.

이차부등식 $ax^2+bx+c\geq 0$의 해집합은 $x\leq\alpha$ 또는 $x\geq\beta$입니다.

(2) $D<0$인 경우

이차부등식 $ax^2+bx+c\leq 0$의 해집합은 공집합입니다.

이차부등식 $ax^2+bx+c\geq 0$의 해집합은 모든 실수입니다. 즉, 절대부등식입니다.

(3) $D=0$인 경우 ($\alpha=\beta$)

이차부등식 $ax^2+bx+c\leq 0$의 해집합은 중근 α입니다.

이차부등식 $ax^2+bx+c\geq 0$의 해집합은 모든 실수입니다. 즉, 절대부등식입니다.

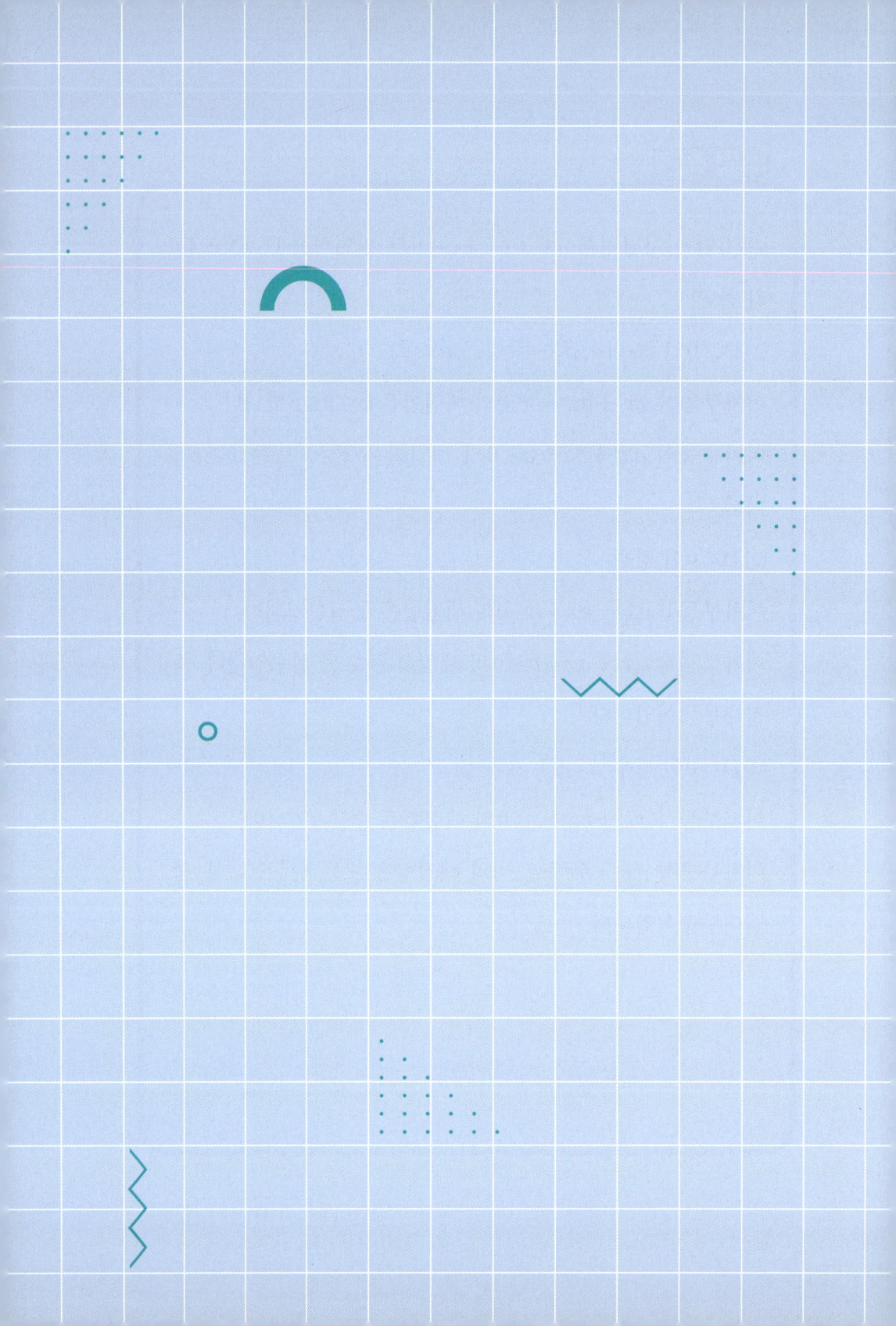

5교시

연립이차부등식

연립이차부등식에서 각 부등식의 해집합을 구하고
그들의 공통집합을 구하는 과정을 알아봅니다.

수업 목표

2개의 부등식을 동시에 만족하는 범위를 찾아봅니다.

미리 알면 좋아요

이차방정식 $ax^2+bx+c=0(a>0)$의 두 실근이 α와 β(편의상 $\alpha<\beta$)일 때,
(1) 이차부등식 $ax^2+bx+c<0$의 해집합은 $\alpha<x<\beta$입니다.
(2) 이차부등식 $ax^2+bx+c>0$의 해집합은 $x<\alpha$ 또는 $x>\beta$입니다.
(3) 이차방정식이 실근을 가질 조건은 그 판별식의 값이 양수이거나 0일 때입니다.
(4) 이차방정식이 허근을 가질 조건은 그 판별식의 값이 음수일 때입니다.

해리엇의 다섯 번째 수업

이번 시간에는 연립이차부등식에 관하여 공부하겠습니다.

우리의 친구 빈이가 수학 시간에 선생님으로부터 22cm의 끈을 받았다고 합니다. 반 친구들 모두 같은 길이의 끈을 받았겠죠? 선생님은 반 친구들에게 이 끈으로 넓이가 28cm^2 이상 되는 직사각형을 만들되, 가로의 길이가 세로의 길이보다 길게 하라고 주문하셨습니다. 빈이는 친구들보다 더 빨리 이 문제를 풀고 싶은 욕심이 생겼죠. 여러분도 함께 힘을 모아 빈이를 도와

주세요. 우선, 이 문제를 식으로 만들어 보겠습니다.

먼저 가로의 길이를 x라고 놓으면 세로는 $(11-x)$, 그 넓이가 28보다 크거나 같으므로 다음 부등식을 만들 수 있습니다.

$$x(11-x) \geq 28$$

그런데 여기에 한 가지 조건이 있습니다. 가로의 길이가 세로의 길이보다 길어야 한다는 겁니다. 이것을 부등식으로 나타내면 다음과 같습니다.

$$x > 11-x$$

우리가 구하려는 가로의 길이 x는 두 부등식을 동시에 만족하는 x의 범위이어야 합니다. 이러한 조건은 다음과 같이 두 부등식을 한꺼번에 써서 표현합니다.

$$x(11-x) \geq 28$$
$$x > 11-x$$

이처럼 2개의 부등식을 만족하는 미지수 x를 구하는 것을 '연립부등식을 푼다.'라고 말합니다. 또한 2개의 부등식을 합쳐서 '연립부등식'이라 부릅니다.

연립이차부등식은 2개의 부등식에서 하나가 이차부등식이고, 다른 하나가 일차 혹은 이차부등식인 경우를 말합니다. 이

때 연립이차부등식의 해집합은 각 부등식이 공통으로 만족하는 범위입니다. 그러므로 연립이차부등식의 해집합을 구하기 위해서는 각 부등식의 해집합을 먼저 구한 다음 다시 그 공통부분을 취해야 합니다.

일차부등식과 이차부등식으로 이루어진 연립부등식

다음 일차부등식과 이차부등식으로 이루어진 연립부등식을 풀어 봅시다.

$$\begin{cases} x-2 \geq 0 & \cdots\cdots ① \\ x^2-x < 12 & \cdots\cdots ② \end{cases}$$

①의 해집합은

$x \geq 2$ $\cdots\cdots$ ③

②의 해집합은

$$x^2-x-12<0$$
$$(x+3)(x-4)<0$$
$$-3<x<4 \quad \cdots\cdots ④$$

여러분이 보기에는 어떤가요? 풀이가 생각보다 너무 간단한가요? 하지만 여기서 끝이 아니지요. 두 부등식의 공통 범위를 찾아야 합니다. ③과 ④의 공통 범위는 $2 \leq x < 4$이니까, 이를 보기 쉽게 수직선에 나타내면 다음과 같습니다.

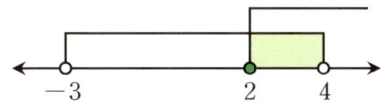

2개의 이차부등식으로 이루어진 연립부등식

다음의 ①, ②를 일컬어 2개의 이차부등식으로 이루어진 연립이차부등식이라고 합니다.

$$\begin{cases} x^2+2x-15<0 & \cdots\cdots ① \\ x^2+2x-7>-4 & \cdots\cdots ② \end{cases}$$

먼저 ①을 인수분해하여 해집합을 구합니다.

$$(x+5)(x-3)<0$$
$$-5<x<3 \quad \cdots\cdots ③$$

② 역시 해집합을 구합니다.

$$(x+3)(x-1)>0$$
$$x<-3 \text{ 또는 } x>1 \quad \cdots\cdots ④$$

따라서 ③과 ④의 공통 범위는 다음과 같으며, 이 연립이차부등식의 해입니다.

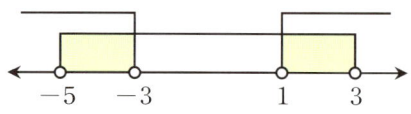

$$-5<x<-3 \text{ 또는 } 1<x<3$$

이차방정식의 근과 관련된 부등식 문제

다음은 이차방정식의 근과 관련된 부등식 문제를 풀어 보겠습니다. 아래에서 보다시피 2개의 이차방정식이 있습니다. 여기서 문자 k는 실수라고 가정하겠습니다.

$$\begin{cases} x^2 - 2kx + k + 2 = 0 \\ x^2 + 4kx + 12k = 0 \end{cases}$$

우리는 조건에 맞는 적당한 k를 구하려고 합니다. k의 범위에 따라 각 이차방정식은 실근을 가질 수도 있고 또 허근을 가질 수도 있습니다. 그러면 먼저 2개의 방정식이 모두 실근을 갖도록 k의 범위를 구해 볼까요?

이차방정식이 실근을 가질 조건은 그 판별식의 값이 양수이거나 0일 때입니다. 따라서 두 방정식의 판별식 D_1과 D_2가 다음 조건을 만족해야 합니다.

$$D_1 = (-2k)^2 - 4(k+2) = 4(k^2 - k - 2) \geq 0$$
$$D_2 = (4k)^2 - 4(12k) \geq 0$$

 2개의 이차부등식이 공통으로 만족하는 k의 범위를 구해야 하는 것이지요. 즉, 연립부등식입니다. 여기서 각각의 부등식 해집합은 다음과 같습니다.

$$D_1 = 4(k^2-k-2) \geq 0, (k+1)(k-2) \geq 0$$

$$k \leq -1 \text{ 또는 } k \geq 2$$

$$D_2 = (4k)^2 - 4(12k) \geq 0, k(k-3) \geq 0$$

$$k \leq 0 \text{ 또는 } k \geq 3$$

이때 둘의 공통 범위는 $k \leq -1$ 또는 $k \geq 3$입니다. 즉, 이 범위일 때 두 이차방정식이 실근을 갖습니다. 이처럼 이차부등식은 이차방정식의 근의 종류를 구별하는 데 쓰이기도 합니다.

이번에는 첫 번째 방정식은 허근, 두 번째 방정식은 실근을 갖도록 k의 범위를 구해 볼까요? 이차방정식이 허근을 가질 조건은 판별식이 0보다 작을 때입니다. 이때는 $D_1 < 0$이면서 $D_2 \geq 0$이면 되겠군요. 위 2개의 판별식에서

$$D_1 < 0 : -1 < k < 2$$

$$D_2 \geq 0 : k \leq 0 \text{ 또는 } k \geq 3$$

임을 알 수 있습니다. 그래서 공통 범위는 $-1 < k \leq 0$입니다. 이 범위의 k값을 가질 때, 두 방정식은 각각 허근과 실근을 갖

게 됩니다.

  어이쿠, 수업에 열중하다 보니 수업 시간이 끝나 가는 줄도 몰랐네요. 오늘은 여기까지만 하겠습니다. 많이 아쉽군요. 그러면 다음 시간에 보겠습니다.

수업 정리

❶ 연립이차부등식은 2개의 부등식에서 하나가 이차부등식이고 다른 것이 일차 혹은 이차부등식인 경우를 말합니다.

❷ 연립이차부등식의 해집합은 각 부등식의 해집합을 먼저 구한 다음, 다시 그 공통 부분을 취해야 합니다.

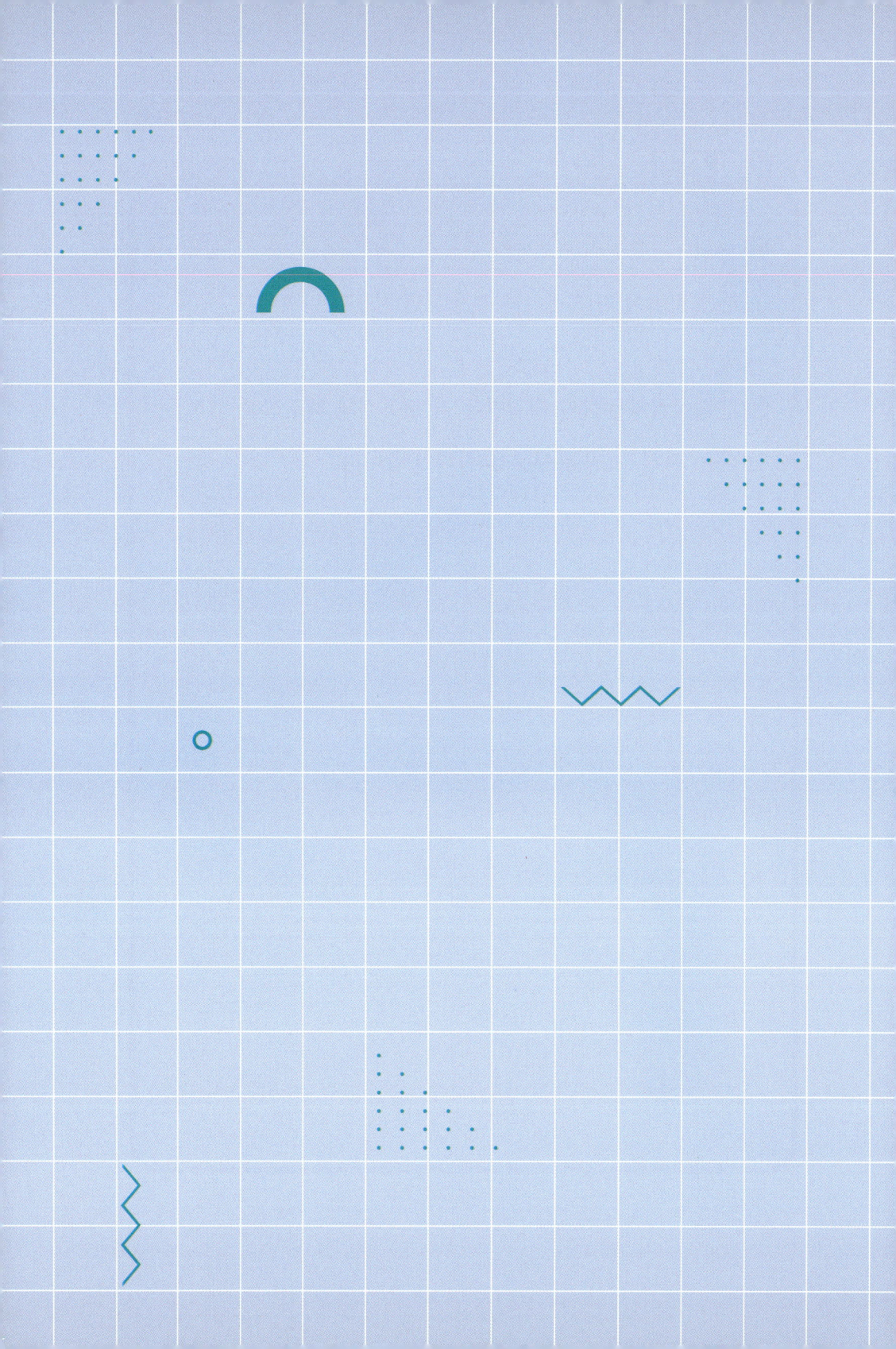

6교시

절댓값 기호가 있는 부등식

부등식에 절댓값이 있는 경우를 알아보고,
절댓값 안의 식을 양수와 음수인 경우로 나누어
해집합을 구해 봅니다.

수업 목표

절댓값 기호가 있는 부등식에 대하여 공부합니다.

미리 알면 좋아요

절댓값 기호 | |는 기호 속의 수나 문자와 상관없이 항상 양수이거나 혹은 0입니다.

예를 들어 |3|=3, |−3|=3입니다. 즉, a가 양수일 때 $|a|=a$이지만 a가 음수일 때 $|a|=-a$입니다.

해리엇의 여섯 번째 수업

 안녕하세요. 오늘은 절댓값 기호가 있는 부등식에 대하여 공부하겠습니다. 그러고 보니 여섯 번째 수업이네요? 시간이 참 빠르군요. 자, 수업을 시작하겠습니다.

절댓값이 있는 일차부등식

 희수는 생물 시간에 사과나무를 기르게 되었습니다. 묘목을 심고 한 달 후에 선생님이 각자 기르는 사과나무의 길이를 재어

오라고 하셨지요. 희수가 센티미터cm가 최소 단위인 줄자로 나무의 높이를 쟀더니 126cm이었습니다. 줄자의 최소 단위가 센티미터이므로 눈금 사이의 길이에 대해서 반올림했을 때 오차는 얼마나 될까요? 나무의 높이를 반올림한 측정치가 126cm라면 나무의 실제 높이는 125.5cm 이상 126.5cm 미만입니다.

$$125.5\text{cm} \leq (\text{나무의 실제 높이}) < 126.5\text{cm}$$

이때 나무의 실제 높이와 측정치와의 차이, 즉 오차 a는 0.5를 넘을 수 없습니다.

이것을 다음과 같이 나타낼 수 있습니다.

$$|a| \leq 0.5\text{cm}$$

이처럼 절댓값 기호 안에 최고 차의 미지수가 일차인 부등식을 '절댓값 기호가 있는 일차부등식'이라 합니다. 그러면 이러한 부등식의 해는 어떻게 구할 수 있을까요? 다음 간단한 예부터 시작합니다.

$$|x| < 1$$

절댓값 기호 안에 있는 x의 부호를 모르니까 일단 양수, 0인 경우와 음수인 경우로 나눠야겠네요.

먼저 $x \geq 0$인 경우는 $|x| = x$이므로 주어진 부등식은 $x < 1$,

즉 다음의 범위가 됩니다.

$$0 \leq x < 1 \quad \cdots\cdots ①$$

$x<0$인 경우는 $|x|=-x$이므로 주어진 부등식은 $-x<1$, 즉 $x>-1$이므로

$$-1 < x < 0 \quad \cdots\cdots ②$$

이 됩니다. $|x|<1$의 해집합은 위 두 경우인 ①과 ②의 합집합이므로 $-1<x<1$이 됩니다. 즉, 절댓값 기호가 있는 부등식 $|x|<1$의 해집합은 $-1<x<1$이 된답니다.

따라서 양수 a에 대하여 일반적으로 이렇게 말할 수 있습니다.

ⓐ 절댓값 기호가 있는 일차부등식,
　$|x|<a$의 해집합은 $-a<x<a$입니다.
ⓑ 절댓값 기호가 있는 일차부등식,
　$|x|>a$의 해집합은 $x<-a$ 또는 $x>a$입니다.

이번에는 부등식 $|x-2|<1$을 풀어 볼까요? $(x-2)$를 한 묶음으로 생각하여 왼쪽 표의 ⓐ 경우에 적용합니다.

$|x-2|<1$

$-1<x-2<1$

각 항에 2를 더하면 다음 해집합을 얻을 수 있습니다.

$1<x<3$

부등식 $|3x+1|\geq 2$도 마찬가지 방법으로 해를 구할 수 있습니다. 역시 $(3x+1)$을 한 묶음으로 생각하고 ⓑ 경우를 적용합니다.

$|3x+1|\geq 2$

$3x+1\leq -2$ 또는 $3x+1\geq 2$

각 일차부등식을 풀면 다음의 해집합을 얻습니다.

$$x \leq -1 \text{ 또는 } x \geq \frac{1}{3}$$

다음 부등식은 절댓값 부호 밖에 문자 x항이 있습니다.

$$|x-2| \leq 3x+2$$

이 경우는 ⓐ, ⓑ 경우와는 다릅니다. 절댓값 기호가 있는 부등식 풀이에서 가장 기본은 절댓값 기호 속이 양수, 0인가 혹은 음수인가를 나누는 일입니다. 절댓값 기호가 있는 항 $|x-2|$의 양수와 음수의 기준은 $x=2$입니다. 먼저 $x \geq 2$인 경우에는 $|x-2| = x-2$이므로 다음과 같습니다.

$$|x-2| \leq 3x+2$$
$$x-2 \leq 3x+2$$

이때 일차부등식을 풀면 $x \geq -2$입니다. 따라서

$$x \geq 2 \qquad \cdots\cdots ①$$

입니다. 반대로 $x<2$인 경우는 $|x-2|=-x+2$이므로 다음과 같습니다.

$$|x-2|\leq 3x+2$$
$$-x+2\leq 3x+2$$
$$x\geq 0$$

따라서 $x<2$와 $x\geq 0$의 공통 범위는

$$0\leq x<2 \quad\quad \cdots\cdots ②$$

입니다. 여기서 알 수 있듯이 부등식 $|x-2|\leq 3x+2$의 해집합은 ①과 ②의 합집합입니다. 그러므로 수직선에서 $x\geq 0$이 해집합임을 알 수 있습니다.

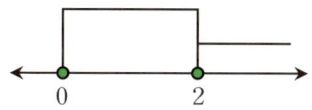

절댓값 기호가 2개 포함된 부등식

다음 부등식은 절댓값 기호가 2개 포함되어 있습니다.

$|x-2|+|x-1|<3$

절댓값 기호가 있을 때 가장 기본은 무엇일까요? 잘 기억하고 있군요. 절댓값 기호 속이 양수, 0인가 혹은 음수인가를 나누는 것이라 했어요. 여기서는 $x=1$과 $x=2$가 기준이 됩니다. 따라서 구간은 셋으로 나누어집니다. 1보다 작은 구간, 1과 2 사이 구간 그리고 2보다 큰 구간, 즉 다음과 같이 부등호로 나타낼 수 있습니다.

$x<1$과 $1\leq x<2$ 그리고 $x\geq 2$

여기서 등호는 아무 쪽에 붙여도 상관없지만 보통 x를 기준으로 큰 쪽에 붙이면 계산 과정이 효과적입니다.

그럼 각 경우에 부등식의 해를 구하여 볼까요?

경우 ① : $x<1$일 때

$$|x-2|+|x-1|<3$$
$$-x+2-x+1<3$$
$$2x>0$$
$$x>0$$
$$0<x<1 \qquad \cdots\cdots ①$$

경우 ② : $1\leq x<2$일 때

$$|x-2|+|x-1|<3$$
$$-x+2+x-1<3$$
$$1<3$$

이 구간에서는 항상 성립하네요.

$$1\leq x<2 \qquad \cdots\cdots ②$$

경우 ③ : $x\geq 2$일 때

$$|x-2|+|x-1|<3$$
$$x-2+x-1<3$$
$$2x<6$$

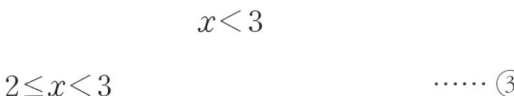

즉, 부등식 $|x-2|+|x-1|<3$의 해집합은 ①과 ②, ③의 합집합이므로 $0<x<3$입니다.

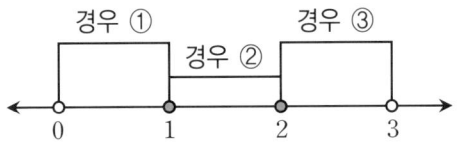

한 부등식에 절댓값 기호는 여러 개가 있을 수 있습니다. 만약 실수 a, b, c에 대하여 $a<b<c$일 때 부등식 $|x-a|<|x-b|<|x-c|$를 만족하는 x값의 범위를 구하려고 한다면 몇 개의 구간으로 나누어질까요? 크기 순서대로 a보다 작은 구간, a와 b 사이 구간, b와 c 사이 구간 그리고 c보다 큰 구간, 모두 네 구간으로 나누어 계산하면 된답니다. 그런데 부등식 $|x-a|<|x-b|<|x-c|$은 2개로 잘라야 합니다. 다시 말해서 앞부분과 뒷부분으로 말입니다.

$$|x-a|<|x-b| \quad \cdots\cdots ①$$
$$|x-b|<|x-c| \quad \cdots\cdots ②$$

부등식 $|x-a|<|x-b|<|x-c|$은 ①과 ②를 둘 다 만족해야 합니다. 따라서 ①과 ②의 연립부등식의 해가 주어진 부등식의 해가 됩니다. 각자 천천히 부등식의 해를 구해 보세요. 참고로 여러분의 해가 다음과 같은지 확인하시기 바랍니다.

$$x<\frac{a+b}{2}$$

절댓값 기호가 있는 이차부등식

이차부등식에도 절댓값 기호가 있을 수 있습니다. 해를 구하는 과정은 절댓값 기호가 있는 일차부등식을 풀 때와 같습니다. 먼저 다음 간단한 예부터 시작합니다.

$$x^2-3|x|-4>0$$

이 문제는 미지수 x가 양수, 0일 수도 혹은 음수일 수도 있습니다. 그래서 두 경우로 나누는 거죠. 먼저 $x \geq 0$인 경우를 생각해 볼까요? 이때는 $|x|=x$입니다. 때문에 $x^2-3|x|-4>0$은 $x^2-3x-4>0$과 똑같습니다. 앞에서 이미 배웠으니까 이를 정리하면

$$(x+1)(x-4)>0$$
$$x<-1 \text{ 혹은 } x>4$$

입니다. 하지만 여기서 꼭 짚고 넘어가야 할 게 있습니다. 지금 이 경우는 조건 $x \geq 0$을 가정하였습니다. 그러므로 위 범위에서 $x \geq 0$을 만족하는 것은 $x>4$일 때뿐입니다.

두 번째 $x<0$인 경우입니다.

이 경우 $|x|=-x$이므로 $x^2-3|x|-4>0$은 $x^2+3x-4>0$이 되지요. 인수분해 하면 다음과 같습니다.

$$(x-1)(x+4)>0$$
$$x<-4 \text{ 혹은 } x>1$$

같은 방법으로 조건 $x<0$에 맞는 범위는 $x<-4$입니다. 즉, 절댓값 기호가 있는 부등식 $x^2-3|x|-4>0$의 해집합은 $x>4$ 혹은 $x<-4$입니다.

여기서 이차항 x^2은 $|x|^2$과 같습니다. 제곱하면 실수가 되어 같게 되니까요. 절댓값과 관련해서 우리는 실수만을 다루고 있

습니다.

그러니까 부등식 $x^2-3|x|-4>0$은 $|x|^2-3|x|-4>0$과 같이 표현해도 같은 부등식을 나타냅니다.

수업 정리

❶ 양수 a에 대하여 다음이 성립합니다.

$|x|<a \iff -a<x<a$

$|x|>a \iff x<-a$ 또는 $x>a$

❷ 절댓값 기호가 있는 부등식은 다음 순서로 해집합을 구합니다.

① 절댓값 속이 양수, 0 혹은 음수인 범위로 구간을 나눕니다.

② 각 구간에서 부등식의 해집합을 구합니다.

③ ②에서 구한 각 부등식의 해의 합집합이 주어진 부등식의 해집합입니다.

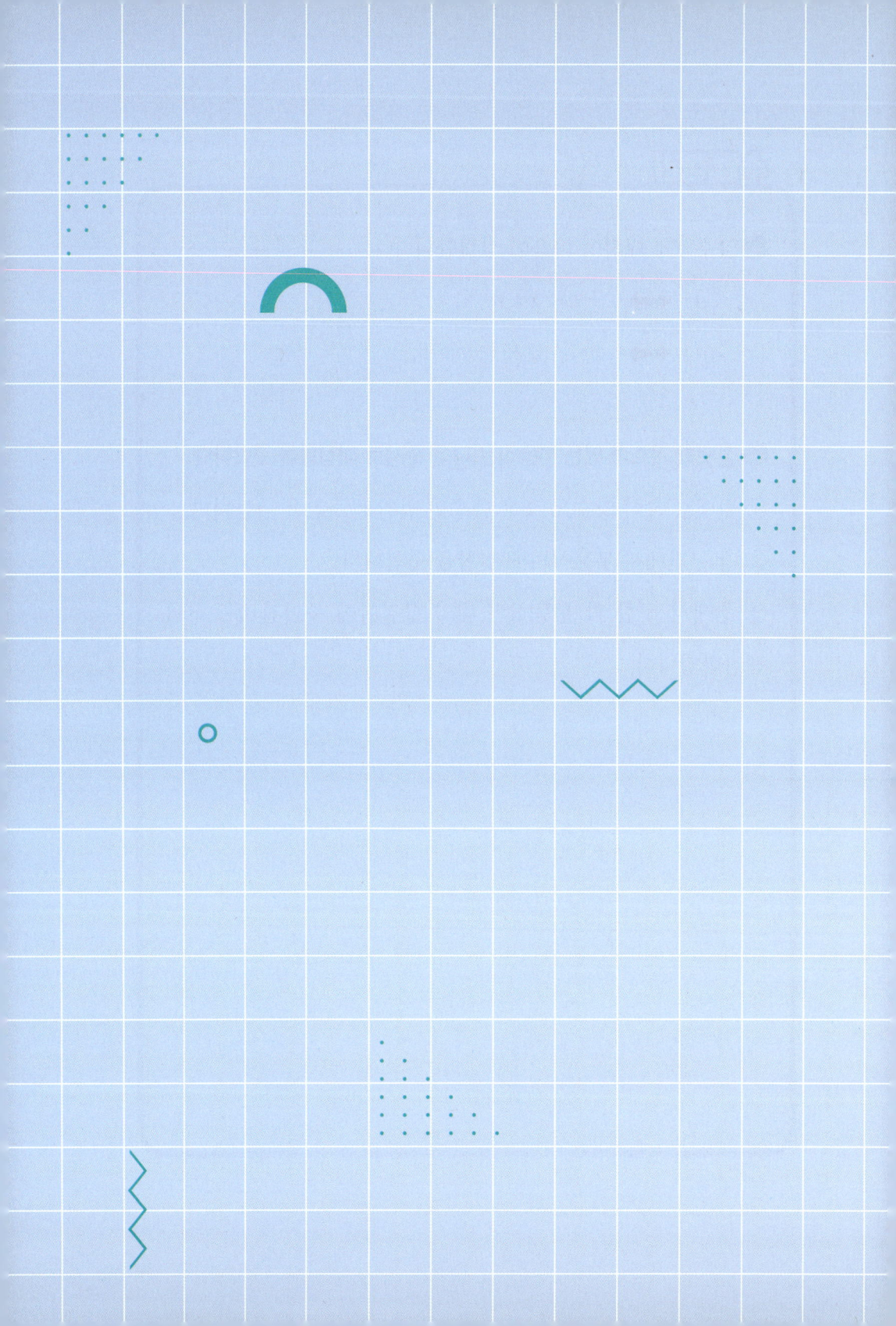

7교시

여러 가지 부등식

실생활과 관련한 여러 부등식을 알아봅니다.

수업 목표

다양한 부등식에 대하여 공부합니다.

미리 알면 좋아요

1. 평균은 많은 수나 양의 중간적인 값이나 대표할 수 있는 값을 뜻합니다.

2. 직각삼각형에서 빗변의 제곱은 직각을 낀 두 변의 제곱의 합과 같습니다. 이것을 '피타고라스의 정리'라 하지요.

3. 속력은 움직인 거리를 그때 걸린 시간으로 나눈 몫입니다.

해리엇의
일곱 번째 수업

 이번 시간에는 재미있고 유용한 부등식을 소개합니다.

 학교에서 전국 수학 경시대회를 앞두고, 수학 경시반을 만든다고 합니다. 그런데 수학 경시반은 지난 학기 수학 성적이 평균 90점 이상인 학생만 들어갈 수 있다고 합니다. 지난 중간고사 수학 점수가 87점이었고 이번 기말고사에서는 93점이었던 빈이는 과연 수학 경시반에 들어갈 수 있을까요?

 평균 점수는 쉽게 구할 수 있습니다.

$$\frac{87+93}{2} = 90\text{점}$$

입니다. 네, 다행히도 수학 경시반에 들어갈 수 있겠네요. 꼴찌로 들어간 만큼 더 열심히 공부해야 하겠죠?

다른 경우를 생각해 보겠습니다.

어느 라면 회사의 상품이 작년보다 올해 2배의 매출액을 기록하였다고 합니다. 이 기회를 노려 유명 아이돌 가수를 광고에 내세워서 내년에는 올해의 8배 매출액을 목표로 하고 있습니다. 그렇다면 이 회사의 평균 신장률은 어떻게 구해야 할까요? 같이 생각해 봅시다.

작년을 기준으로 매출액을 1이라 하면 올해는 2가 됩니다. 내년에는 올해의 8배라 하였으므로 2×8, 16이 되어야 합니다. 이때 평균 신장률을 위 수학 평균 점수를 내는 방법으로 구할 수 있을까요? 같은 방법으로 구하면 $\frac{2+8}{2}=5$입니다. 이 값이 평균 신장률이라면 작년 매출액을 1로 했을 때 올해는 5배, 다시 내년에는 올해의 5배, 즉 25가 됩니다. 그러고 보니 실제 경우와 맞지 않는군요.

그러면 이 경우는 어떻게 평균 신장률을 구할 수 있을까요?

올해는 작년의 2배, 내년엔 올해의 8배…….

"아, 해리엇 선생님! 몇 배 몇 배 하니까 곱해야 될 것 같아요. 2×8, 16이라……. 맞아요. 4배예요. 평균 4배가 맞아요. 작년이 1, 올해는 4 그리고 다시 4배 하니까 16이에요. 실제와 같게 나왔어요."

네, 아주 잘했습니다. 곱해서 근호를 씌우면 됩니다. 다시 한번 풀어 보면, 2배와 8배의 평균은 $\sqrt{2 \times 8} = \sqrt{16} = 4$입니다.

이때 수학 점수의 평균을 산술평균이라 하고, 상품 매출액의 평균 신장률을 기하평균이라 합니다.

> **쏙쏙 이해하기**
>
> **산술기하평균**
>
> 두 양수 a와 b에 대하여 산술평균과 기하평균은 다음과 같습니다.
>
> 산술평균 $\dfrac{a+b}{2}$
>
> 기하평균 $\sqrt{ab}$

하지만 서로 다른 두 양수의 산술평균값과 기하평균값은 항상 산술평균값이 큽니다. 즉, 다음과 같이 부등호로 나타낼 수 있습니다.

$$a \geq 0, b \geq 0 \text{일 때 } \frac{a+b}{2} \geq \sqrt{ab}$$

위 부등식이 성립하는 것을 증명하기 위해서 '부등식의 좌변에서 우변을 뺀 값이 0보다 크거나 같다.'를 보이는 방법은 어렵지 않습니다. 하지만 아래 반원 그림은 그 이유를 명쾌하게 설명해 줍니다. 다 같이 그림을 보면서 '과연 왜 그런지'를 생각해 봅시다.

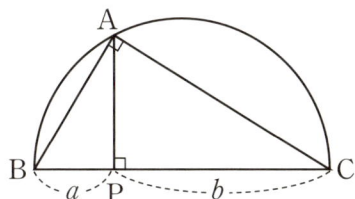

지름의 원주각 A는 직각이고 A에서 지름에 그은 수선으로 생긴 직각삼각형들과 닮음을 이용하면 다음이 성립합니다.

$$\overline{AP}^2 = \overline{BP} \times \overline{PC}$$
$$\overline{AP}^2 = ab$$
$$\overline{AP} = \sqrt{ab}$$

그림에서 $\frac{a+b}{2}$는 지름의 반, 즉 반지름이고 $\sqrt{ab}$는 $\overline{AP}$의 길이입니다. $\frac{a+b}{2}$는 반지름으로 일정한데 $\overline{AP}$의 길이는 원 위의 점 A가 움직이면서 $\frac{a+b}{2}$값보다는 작게 변합니다. 즉, $\overline{AP}$가 가장 길 때는 반지름과 같을 때입니다. 그때가 언제인지는 잘 알겠지요?

"음……. a와 b가 같을 때, 즉 점 A가 원의 맨 위 가운데에 와 있을 때입니다."

잘 알고 있군요. 즉, 부등식 $\frac{a+b}{2} \geq \sqrt{ab}$에서 $a=b$일 때 등호가 성립합니다.

산술기하평균 부등식의 일반화

두 양수에 대한 산술기하평균 부등식은 양의 정수 n에 대하여 다음과 같이 일반화할 수 있습니다.

$$\frac{a_1+a_2+a_3+\cdots\cdots+a_n}{n} \geq \sqrt[n]{a_1 a_2 a_3 \cdots\cdots a_n}$$

일반화된 부등식은 수학적 귀납법으로 증명할 수 있습니다. 이처럼 여러분이 알고 있는 방정식이나 부등식 등을 일반화할 수 있는지 관심을 갖는 것이 수학을 하는 바람직한 방법입니다.

산술기하평균으로 문제 해결하기

위 산술평균과 기하평균의 부등식을 이용하여 여러 최대·최소 문제를 해결할 수 있답니다. 믿기지가 않는다고요? 그러면 $x>0, y>0$일 때 $(x+y)\left(\dfrac{3}{x}+\dfrac{1}{y}\right)$의 최솟값을 구해 볼까요?

$$\begin{aligned}(x+y)\left(\frac{3}{x}+\frac{1}{y}\right) &= 3+1+\frac{3y}{x}+\frac{x}{y} \\ &\geq 4+2\sqrt{\frac{3y}{x} \times \frac{x}{y}} \\ &= 4+2\sqrt{3}\end{aligned}$$

어떤가요? 문제를 해결하였죠? 두 번째 줄의 부등호는 산술기하평균 부등식을 이용한 것입니다. 즉, $(x+y)\left(\dfrac{3}{x}+\dfrac{1}{y}\right)$의 최솟값은 $4+2\sqrt{3}$입니다.

정원 의자 만들기

또한 다음 재미있는 문제를 해결해 봅시다. 첫 시간에 빈이네 가족은 주말농장을 위하여 밭을 만들었습니다. 그 내용을 기억하죠? 지금 농장의 토마토는 빨갛게 익었고, 각종 채소가 햇빛 아래 싱싱합니다. 빈이는 그 주위에 돌아다니는 통나무가 있어서 '앗싸~ 의자를 만들어야겠다.'고 생각했지요.

오늘은 빈이가 가족과 함께 길이와 지름이 각각 50cm인 통나무로 의자를 만들고 있습니다. 통나무의 길이는 그대로 두고 원 모양 부분을 잘라 내어 직육면체 모양이 되게 하여 앉을 수 있는 부분을 최대로 넓게 하려 합니다. 어떻게 해야 하나요?

먼저 방정식을 세워야겠다는 생각이 드나요? 빈이가 만들 직사각형의 가로와 세로를 a와 b라고 두죠.

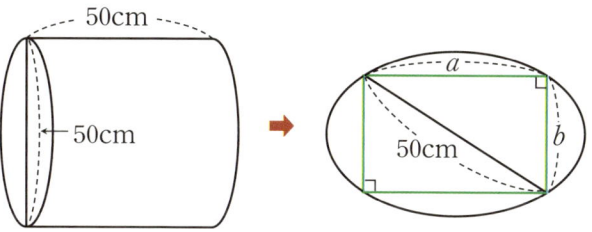

그러면 a와 b 그리고 지름은 직각삼각형을 이룹니다. 지름이 50cm이니까 '피타고라스의 정리'에 의하여 다음 식을 세울 수 있습니다.

$$a^2 + b^2 = 50^2$$

이때 직사각형의 넓이는 $a \times b$입니다. 즉, $a^2 + b^2 = 50^2$을 만

족하는 a, b 중에서 $a \times b$가 최대인 수를 구하는 것이지요. 이때 산술기하평균 부등식이 진가를 발휘합니다. 자, 그러면 어떻게 이용할까요?

$$\frac{a^2+b^2}{2} \geq \sqrt{a^2 b^2}$$

여기서 좌변은 $\frac{a^2+b^2}{2} = \frac{50^2}{2}$, 우변은 $\sqrt{a^2 b^2} = ab$이므로 $\frac{50^2}{2} \geq ab$입니다. 따라서 넓이 ab의 최댓값은 $\frac{50^2}{2} = 1250 \text{cm}^2$이고, 그때는 $a^2 = b^2$일 때입니다. 즉, 가로세로의 길이가 똑같을 때입니다. 그러므로 통나무의 윗면이 정사각형일 때 넓이가 최대가 됩니다.

산술기하조화평균

산술기하평균 부등식은 다음과 같이 확대할 수 있습니다.

$$\frac{a+b}{2} \geq \sqrt{ab} \geq \frac{2}{\frac{1}{a}+\frac{1}{b}}$$

맨 오른쪽은 조화평균이라고 합니다. 조화평균에 대하여 예를 들어 설명하겠습니다.

어제는 눈이 펑펑 내렸습니다. 그래서 빈이는 자전거를 학교에 두고 걸어올 수밖에 없었어요. 그래서 오늘 학교에 갈 때는 걸어서 가야 했지요. 학교까지 거리 12km를 갈 때는 시속 6km의 속력으로 걷고, 올 때는 30km의 속력으로 자전거를 타고 왔다고 합니다. 이때 빈이의 왕복 평균속력은 얼마일까요?

걸린 시간은 거리를 속력으로 나누어야 하므로 다음과 같이 구할 수 있습니다.

12km를 걸어서 학교로 갈 때 걸린 시간 : $\frac{12}{6}$ 시간

12km를 자전거를 타고 집으로 올 때 걸린 시간 : $\frac{12}{30}$ 시간

이 되고 빈이가 학교까지 갔다 오는데 걸린 총시간은 $\frac{12}{6}+\frac{12}{30}$ 시간가 됩니다. 왕복 2×12 km를 움직였으므로 평균속력은 $\frac{2\times12}{\frac{12}{6}+\frac{12}{30}}=\frac{2}{\frac{1}{6}+\frac{1}{30}}$ km/h입니다. 이것은 같은 거리를 시속 6km와 30km로 갔을 때의 평균입니다. 즉, 6과 30의 조화평균이지요. 이처럼 조화평균은 같은 거리를 다른 속력으로 움직일 때의 평균을 구할 때 이용됩니다.

삼각부등식

이번에는 삼각부등식에 대해 알아보기로 하죠.

만약 양수 a, b, c가 $a+b>c$, $b+c>a$, $c+a>b$가 성립하면, '양수 a, b, c는 삼각부등식을 만족한다.'고 말합니다. 이것은 기하학적으로 길이가 a, b, c인 선분을 갖는 삼각형을 만들 수 있다는 것을 의미합니다.

보통 다음을 삼각부등식이라 합니다.

> 삼각부등식은 실수 a, b에 대하여 성립합니다.
> $|a+b| \leq |a| + |b|$

이 부등식을 증명하는 것도 흥미롭습니다. 우선 우변에서 좌변을 뺄 때 절댓값이 있으므로 제곱해서 뺍니다.

$$(|a|+|b|)^2 - (|a+b|)^2$$
$$= (a^2 + 2|a||b| + b^2) - (a^2 + 2ab + b^2)$$
$$= 2(|ab| - ab)$$

여기서 $|ab|$는 ab보다 항상 크거나 같습니다. 그러므로 $(|a|+|b|)^2 \geq (|a+b|)^2$이 됩니다. 여기서 $|a|+|b|$와 $|a+b|$ 둘 다 양수이므로 $|a+b| \leq |a| + |b|$이 성립합니다. 단, 등호가 성립하는 것은 $|ab| = ab$일 때입니다. 따라서 적어도 하나가 0이거나 둘의 부호가 같을 때 등식은 성립합니다.

다음으로 세 수 a, b, c가 대칭적 관계에 있는 부등식을 소개하겠습니다.

$$a^2+b^2+c^2 \geq ab+bc+ca$$

'각각의 제곱의 합은 서로 둘씩 곱한 것들의 합보다 크거나 같다.'입니다. 모든 항을 좌변으로 이항하여 완전제곱 꼴로 만들면 다음과 같이 간단히 증명할 수 있습니다.

$$\begin{aligned} & a^2+b^2+c^2-ab-bc-ca \\ =& \frac{1}{2}\{(a-b)^2+(b-c)^2+(c-a)^2\} \\ \geq & 0 \end{aligned}$$

그렇다면 여기에서 등호는 언제 성립할까요?

"음……. 좌변이 완전제곱 항들의 합이므로 각 항이 0일 때만 전체가 0이 되겠네요? 그러니까 $a-b=0, b-c=0, c-a=0$, 즉 $a=b=c$일 때입니다."

네, 맞아요. 아주 잘했어요. 그럼 여기서 잠깐 문제 하나 낼까요? a, b, c가 삼각형의 세 변의 길이이고 $a^2+b^2+c^2-ab-bc-ca=0$을 만족한다면 무슨 삼각형일까요?

네, 그렇습니다. 눈치를 눈치챘겠지만 바로 정삼각형입니다.

벌써 수업을 마칠 때가 됐네요. 그럼 다음 시간에 보도록 해요.

수업정리

❶ 양수 a와 b에 대하여 다음 부등식이 성립합니다.

$$\frac{a+b}{2} \geq \sqrt{ab} \geq \frac{2}{\frac{1}{a}+\frac{1}{b}}$$

차례대로 산술평균, 기하평균, 조화평균이라 합니다. 단, 등호는 두 수가 같을 때 성립합니다.

❷ 삼각부등식 $|a+b| \leq |a|+|b|$가 성립합니다. 단, 적어도 하나가 0이거나 둘의 부호가 같을 때 등식은 성립합니다.

❸ $a^2+b^2+c^2 \geq ab+bc+ca$는 모든 실수 a, b, c에 대하여 성립합니다. 단, 세 수가 같을 때 등호가 성립합니다.

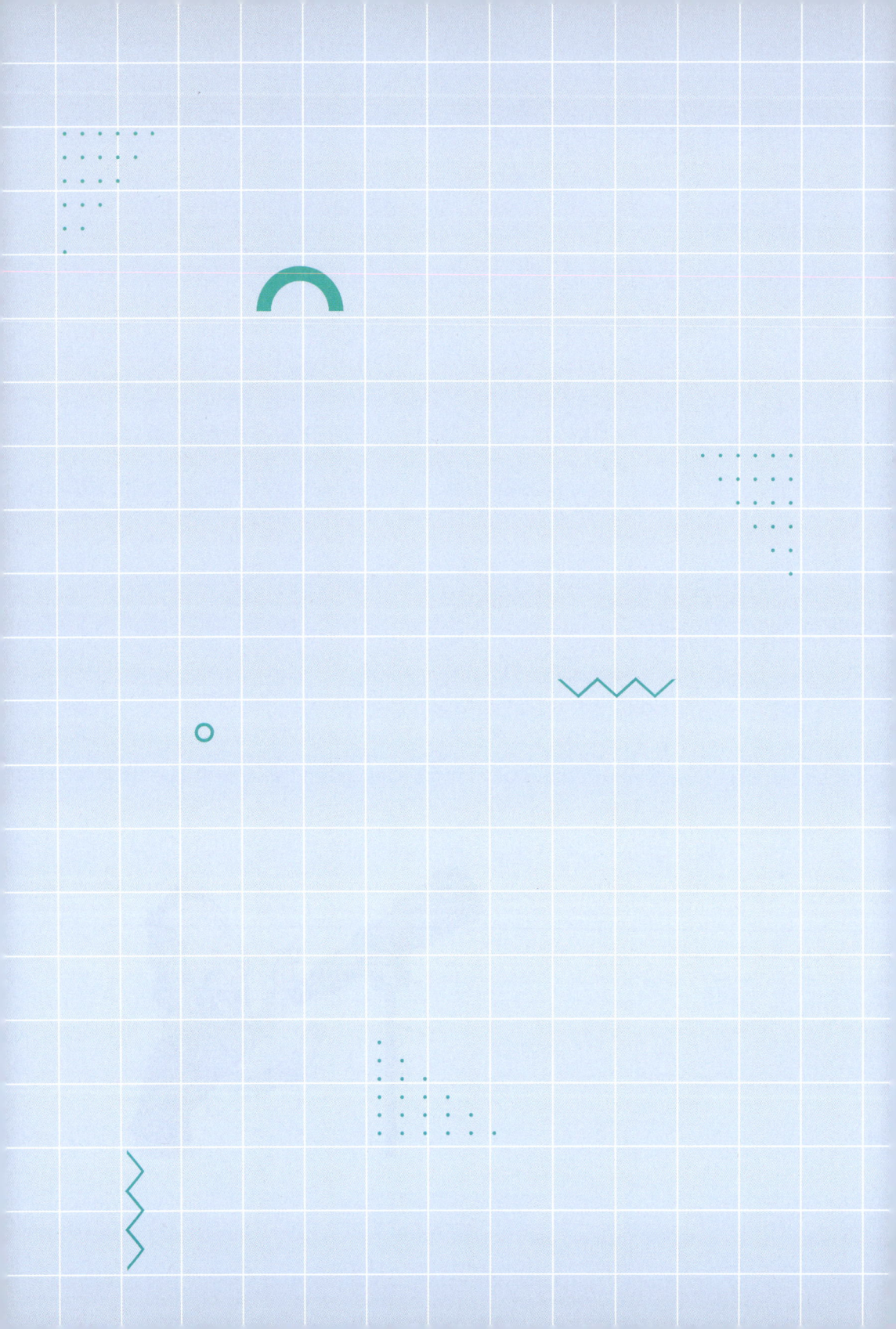

8교시

어느 쪽이 더 클까요?

알쏭달쏭 두 수의 크기를 비교할 수 있는 전략을 공부하고 일반화해 봅니다.

수업 목표

알쏭달쏭한 두 수의 크기를 비교할 수 있는 전략을 공부하고 일반화합니다.

미리 알면 좋아요

1. 문자식뿐만 아니라 숫자도 인수분해 할 수 있습니다.

2. 둘레의 길이가 일정한 직사각형이, 최대 넓이를 갖는 것은 정사각형일 때 입니다.

해리엇의
여덟 번째 수업

안녕하세요, 어느덧 마지막 수업이 얼마 남지 않아 벌써 여덟 번째 수업이네요.

$\sqrt{19}+\sqrt{99}$ 와 $\sqrt{20}+\sqrt{98}$ 의 크기 비교

오늘은 아주 재미있는 수업이 될 것 같아요. $\sqrt{19}+\sqrt{99}$, $\sqrt{20}+\sqrt{98}$ 둘 중에 어느 쪽이 더 클까요? '19는 20보다 작은데 99는 98보다 크다?' 두 수 중에서 어느 것이 더 큰지 여러분의 지혜를 다 동원해 보세요. 아직 어느 쪽의 수가 큰지 알 수 없어서 가운데에 '?'를 쓰기로 하죠. 공평하게 시작하자는 뜻입니다.

$$\sqrt{19}+\sqrt{99} \quad ? \quad \sqrt{20}+\sqrt{98}$$

"음, 먼저 근호가 있으니까 '각각을 제곱해 봐야겠다.'라는 생각이 들어요."

$$19+2\sqrt{19\times 99}+99 \quad ? \quad 20+2\sqrt{20\times 98}+98$$

"아, 그러면 $19+99=20+98$이니까 결국 다음 두 수의 크기를 비교하면 될 것 같은데요?"

$$\sqrt{19\times 99} \quad ? \quad \sqrt{20\times 98}$$

네네, 그렇죠. 아주 잘 이해하고 있군요. 여기서 양변에 있는 근호를 없애면 다음과 같습니다.

$$19 \times 99 \quad ? \quad 20 \times 98$$

이쯤에서 각각을 계산해도 상관없지만 우리는 좀 다른 방법을 생각할 수도 있습니다. 이렇게요.

$$19 \times 99 - 19 \times 98 \quad ? \quad 98$$

선생님이 어떻게 한 걸까요? 이해했나요? 네, 그래요. 오른쪽 20×98에서 20을 분해했답니다. 눈치가 정말 빠르군요.

$$20 \times 98 = (19+1) \times 98 = 19 \times 98 + 1 \times 98$$

그래서 양쪽에서 19×98을 뺀 거지요. 그렇다면 왜 하필 $19+1$일까요? 맞아요. 왼쪽 수 19×99와 공통인수를 찾으려고 했기 때문입니다. 결국 $19 \times 99 - 19 \times 98 = 19 \times (99-98) = 19 \times 1$이 되는 거예요.

$$19 \quad ? \quad 98$$

따라서 두 수 사이의 '?'는 부등호 '<'로 결론이 난답니다.

$$\sqrt{19}+\sqrt{99} \quad < \quad \sqrt{20}+\sqrt{98}$$

"아, 해리엇 선생님! 그런데 항상 그런가요? 다른 수로 바꾸면 어떻게 되나요?"

네, 아주 좋은 질문입니다. 위 문제를 아래와 같이 고쳐 보면 어떨까요? 문자를 양수라고 가정하겠습니다. 그러면 어떤 것이 더 클까요?

$$\sqrt{a}+\sqrt{b+1} \quad ? \quad \sqrt{a+1}+\sqrt{b}$$

"해리엇 선생님? 양변 모두를 제곱하면 되지 않을까요?

$$a+2\sqrt{a(b+1)}+b+1 \quad ? \quad a+1+2\sqrt{(a+1)b}+b$$
$$\sqrt{a(b+1)} \quad ? \quad \sqrt{(a+1)b}$$
$$a(b+1) \quad ? \quad (a+1)b$$

결국 양쪽에 남는 것은 ……

$$a \quad ? \quad b$$

입니다. 따라서 양수 a, b에 '더하기 1' 하지 않은 두 수를 비교하여 큰 수가 있는 쪽의 수가 큽니다!"

오호, 그래요. 귀가 좀 아프지만, 여러분이 잘 말해 주어서 기분은 좋네요. 따라서 다음과 같이 정리할 수 있습니다.

양수 a와 b에 대하여 다음과 같은 관계가 성립합니다.
$a \geq b$일 때 $\sqrt{a}+\sqrt{b+1} \geq \sqrt{a+1}+\sqrt{b}$
$a < b$일 때 $\sqrt{a}+\sqrt{b+1} < \sqrt{a+1}+\sqrt{b}$

이처럼 한 예제로부터 일반적인 수학적 사실로 확장하는 과정은 수학을 하는 바람직한 방법입니다. 이러한 과정이 수학의 발전을 이끌어 온 원동력입니다. 여러분도 수학 발전의 역사에 주인공이 될 수 있습니다.

$\frac{1998}{1999}$과 $\frac{1999}{2000}$의 크기 비교

이번에는 다음 두 수를 비교합니다. $\frac{1998}{1999}$과 $\frac{1999}{2000}$은 어느 것이 클까요? 이 크기를 비교하는 방법은 여러 가지가 있습니다. 먼저 여러분에게 새로운 함수를 소개합니다.

$$f(x) = \frac{x}{x+1}$$

이러한 함수를 본 적이 있나요? 아마 거의 처음이겠지요. 상관없습니다. 누구에게나 처음은 있는 거잖아요. 두 수를 비교하는 데 우리는 이 함수를 이용할 것입니다. 이 함수는 분모가 분자보다 1이 큰 분수함수입니다. 우리의 수 $\frac{1998}{1999}$과 $\frac{1999}{2000}$도 같은 성질을 갖고 있습니다. 함수와 우리의 수를 연결해 볼까요?

$$f(1998) = \frac{1998}{1999}, \; f(1999) = \frac{1999}{2000}$$

이제 이 함수를 우리가 필요한 성질이 드러나게 다음과 같이 변형할 수 있습니다.

$$f(x) = \frac{x}{x+1} = \frac{1}{1+\frac{1}{x}}$$

이 변형된 함수에 대하여 어떠한 이야기를 할 수 있습니까?

"x가 클수록 $\frac{1}{x}$의 값은 작아지는데요?"

"그때 $f(x)$값은 커져요."

"결국 x가 커질수록 $f(x)$값이 커지는데요?"

네, 맞습니다. 즉, 다음이 성립한답니다.

$$f(1998) < f(1999)$$

그러므로 두 수의 크기를 비교할 수 있습니다.

$$\frac{1998}{1999} < \frac{1999}{2000}$$

이제 여러분이 이와 관련된 문제를 만들 수도 있겠지요?

$\dfrac{3}{4}$? $\dfrac{4}{5}$ 는 3<4이므로 $\dfrac{3}{4} < \dfrac{4}{5}$

$\dfrac{5555}{5556}$? $\dfrac{5556}{5557}$ 은 5555<5556이므로 $\dfrac{5555}{5556} < \dfrac{5556}{5557}$

이 문제도 앞에서와 같이 일반화로 확장해 볼까요?

두 양수 a와 b에 대하여 $\dfrac{a}{a+1}$과 $\dfrac{b}{b+1}$의 크기는 다음과 같습니다.

$a \geq b$일 때 $\dfrac{a}{a+1} \geq \dfrac{b}{b+1}$

$a < b$일 때 $\dfrac{a}{a+1} < \dfrac{b}{b+1}$

사실 $\dfrac{1998}{1999}$과 $\dfrac{1999}{2000}$의 크기 비교를 이렇게도 생각할 수 있습니다. 위 두 수를 비교하는 것은 1998×2000과 1999^2을 비교하는 것과 같습니다. 양쪽에 똑같이 1999×2000을 곱한 것이니까요. 여기서 1998×2000은 가로세로의 길이가 각각 1998과 2000인 직사각형의 넓이와 같고, 1999^2은 한 변의 길이가 1999인 정사각형의 넓이와 같습니다. 그런데 여기서 1998＋2000＝1999＋1999로 같습니다. 우리는 둘레가 일정한 직사각형이 최대 넓이를 갖을 때가 정사각형이라는 사실을 잘 알고 있습니다. 즉, $1998 \times 2000 < 1999^2$이므로 $\frac{1998}{1999} < \frac{1999}{2000}$가 성립합니다.

시간이 벌써 이렇게 되었군요. 아쉽지만 오늘은 여기서 수업을 마치겠습니다. 다음 시간에는 꽃밭과 연못을 만들어 보겠습니다.

수업 정리

❶ $\sqrt{19}+\sqrt{99}<\sqrt{20}+\sqrt{98}$

이것을 일반화하여 다음과 같이 쓸 수 있습니다.

양수 a와 b에 대하여,

$a \geq b$일 때 $\sqrt{a}+\sqrt{b+1} \geq \sqrt{a+1}+\sqrt{b}$

$a < b$일 때 $\sqrt{a}+\sqrt{b+1} < \sqrt{a+1}+\sqrt{b}$

❷ $\dfrac{1998}{1999} < \dfrac{1999}{2000}$

이것을 일반화하여 다음과 같이 쓸 수 있습니다.

두 양수 a와 b에 대하여,

$a \geq b$일 때 $\dfrac{a}{a+1} \geq \dfrac{b}{b+1}$

$a < b$일 때 $\dfrac{a}{a+1} < \dfrac{b}{b+1}$

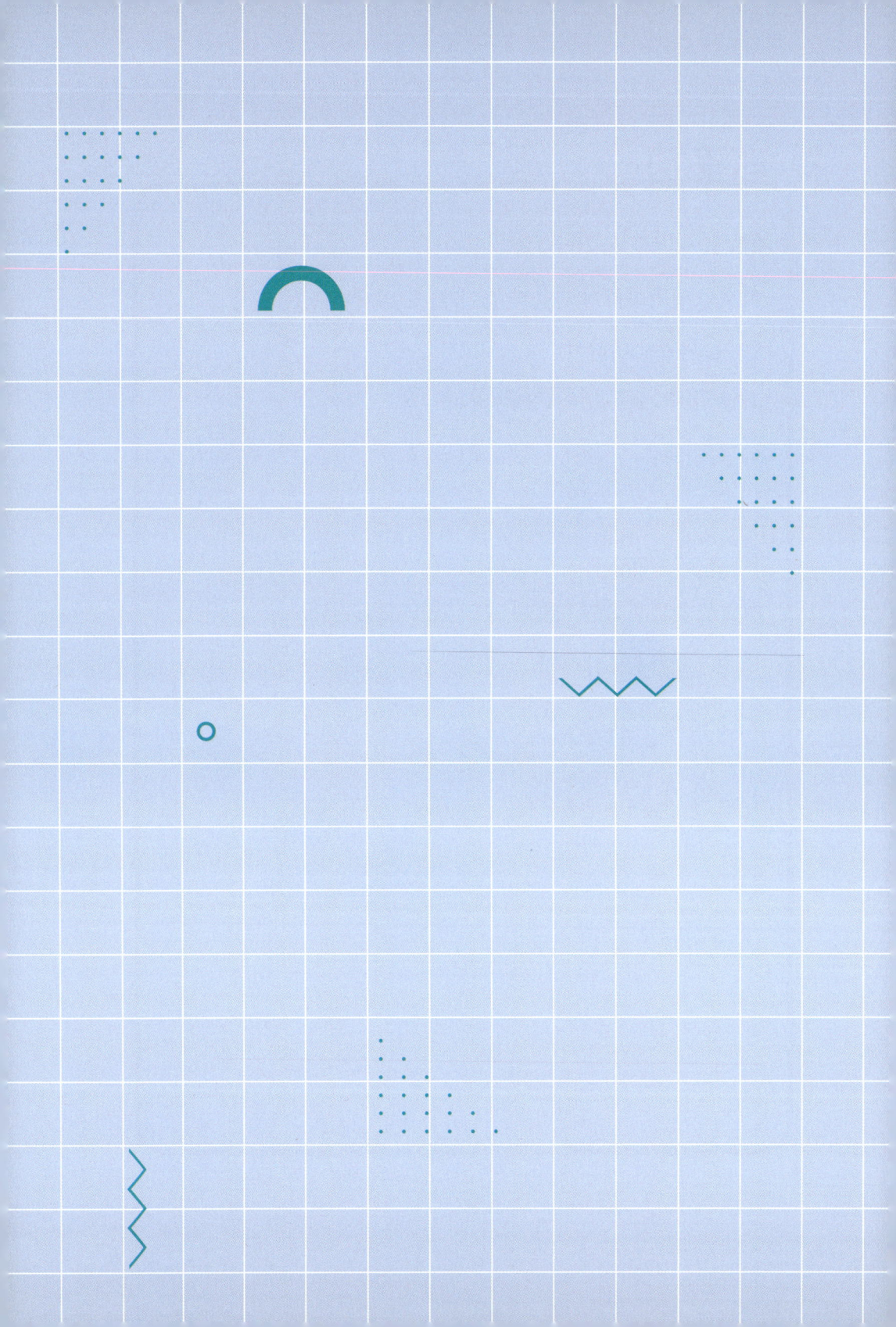

9교시

꽃밭과 연못 만들기

학교 운동장에 '꽃밭과 연못 만들기' 과제로
그동안 배운 부등식의 성질을 알고,
실생활에 활용할 수 있음을 알아봅니다.

수업 목표

1. 부등식의 성질을 알고 실생활에 활용하여 문제를 해결할 수 있습니다.
2. 부등식은 그래프의 위와 아래쪽 또는 그래프의 내부와 외부의 영역을 나타냅니다.

미리 알면 좋아요

1. 일차함수는 직선을 나타냅니다.

2. $x^2+y^2=r^2$은 중심이 $(0, 0)$이고 반지름이 r인 원의 그래프를 나타냅니다.

해리엇의
아홉 번째 수업

　벌써 부등식에 관한 마지막 수업입니다. 오늘은 그동안 배웠던 이차부등식에 관한 실력을 마음껏 발휘해 볼까요? 그러면 수업을 시작하겠습니다.

　빈이네 학교는 운동장의 한쪽에 꽃밭과 연못을 만들기로 하였습니다. 전교 학생을 대상으로 꽃밭과 연못 전체 모양에 관한 디자인을 공모하였습니다. 한 달 후 당선작이 발표되었는데 내용은 다음과 같았답니다.

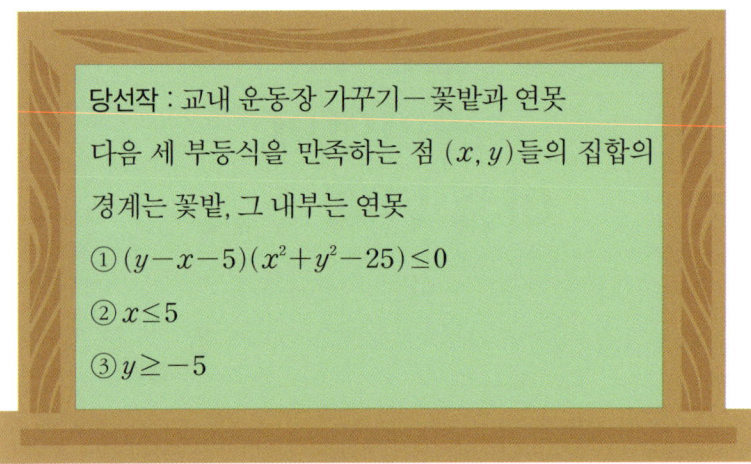

이것을 본 학생들은 모두 고개를 갸우뚱하였습니다. 그럴 수밖에요. 꽃밭이나 연못 등의 그림을 상상했던 학생들은 느닷없는 부등식의 등장에 어리둥절하였습니다. 아, 그래도 빈이는 "오, 저게 뭐야?" 하면서 내심 빨리 저 비밀을 알아내어 친구들에게 알려 줘야겠다는 생각으로 연필을 들고 부등식을 옮겨 적기 시작하였습니다. 3개의 부등식이 마치 암호 같다는 생각이 들면서 저 부등식들이 나타내고자 하는 그림이 분명히 있을 거라는 확신이 들었습니다. 그것은 다름 아닌 나와 여러분이 열심히 공부하는 연립부등식 문제였기 때문입니다.

① $(y-x-5)(x^2+y^2-25) \leq 0$ 탐구

먼저 첫 번째 부등식 $(y-x-5)(x^2+y^2-25) \leq 0$을 주의 깊게 관찰하였습니다. 그러고는 전 시간에 배웠던 부등식의 성질을 적용해 보았습니다. 두 식의 곱이 음수니까 각각 서로 다른 부호라는 것을 알 수 있습니다. 즉, 다음과 같이 두 경우로 나누어 쓸 수 있겠지요.

첫 번째 경우는 $(y-x-5) \leq 0$ 그리고 $(x^2+y^2-25) \geq 0$

두 번째 경우는 $(y-x-5)\geq 0$ 그리고 $(x^2+y^2-25)\leq 0$

먼저 첫 번째 경우를 살펴보면 $(y-x-5)\leq 0$는 $y\leq x+5$이고 $(x^2+y^2-25)\geq 0$는 $x^2+y^2\geq 5^2$으로 바꾸어 쓸 수 있습니다. 2개의 부등식 $y\leq x+5$와 $x^2+y^2\geq 5^2$을 그래프로 나타낼 수 있을 때 암호 같은 문제가 풀리겠죠? 일차함수 $y=x+5$는 직교좌표상에서 직선이고 $y\leq x+5$는 y가 작으므로 직선 아래쪽입니다. 즉, 다음의 영역입니다.

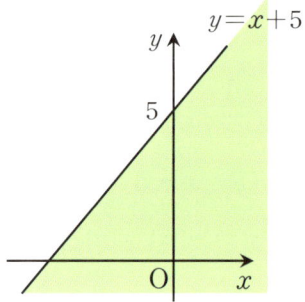

다음은 부등식 $x^2+y^2\geq 5^2$의 영역을 같은 직교좌표상에 그려야 합니다. 방정식 $x^2+y^2=5^2$은 반지름이 5인 원을 나타냅니다. 원은 평면을 원의 내부와 원의 외부로 나눕니다. 따라서 다음이 성립함을 그래프와 함께 확인할 수 있습니다.

방정식 $x^2+y^2=5^2$은 반지름이 5인 원을 나타냅니다.
부등식 $x^2+y^2≥5^2$은 반지름이 5인 원의 외부 영역을 나타냅니다.
부등식 $x^2+y^2≤5^2$은 반지름이 5인 원의 내부 영역을 나타냅니다.

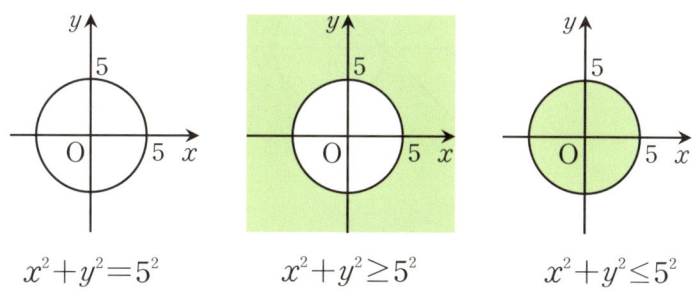

위 사실은 다음과 같이 확인할 수 있습니다. 세 번째 부등식 $x^2+y^2≤5^2$에 원점, 즉 $x=0, y=0$를 대입하면 $0≤25$가 되어 부등식을 만족합니다. 다시 말하면 원점은 부등식 $x^2+y^2≤5^2$을 만족하고 원점이 있는 원의 내부의 모든 점은 이 부등식을 만족합니다. 마찬가지로 원 밖의 모든 점은 부등식 $x^2+y^2≥5^2$을 만족합니다.

다시 위에서 2개의 부등식 $y≤x+5$와 $x^2+y^2≥5^2$을 공통으로 만족하는 영역을 그려야 합니다. 부등식 $y≤x+5$의 직선 아래 영역 그림에 부등식 $x^2+y^2≥5^2$의 원의 외부 영역 그림을 같은 좌표 위에 나타냅니다. 두 영역의 교집합은 다음과 같습니다.

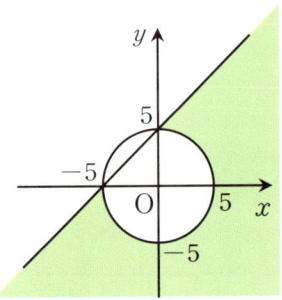

이제까지 첫 번째 경우 $(y-x-5) \leq 0$ 그리고 $(x^2+y^2-25) \geq 0$의 영역을 그림으로 나타내었습니다.

다음은 두 번째 경우인 $(y-x-5) \geq 0$ 그리고 $(x^2+y^2-25) \leq 0$이 나타내는 영역을 찾아봅시다. 두 부등식은,

$y \geq x+5$

$x^2+y^2 \leq 5^2$

으로 표현되고 부등식 $y \geq x+5$는 직선 위쪽 영역, $x^2+y^2 \leq 5^2$은 원의 내부 영역을 나타내지요. 다음과 같이 한 직교좌표 위에 그래프로 나타낼 수 있습니다.

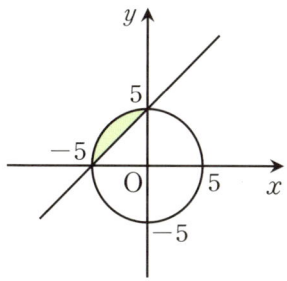

위 첫 번째 경우와 두 번째 경우의 합집합이 $(y-x-5)(x^2+y^2-25) \leq 0$이 나타내는 영역입니다. 부등식의 성질에서 이미 여러 번 배웠으니까 어려움은 없겠지요? 이 두 경우의 영역을 하나의 좌표 위에 나타내면 그 결과는 다음과 같습니다.

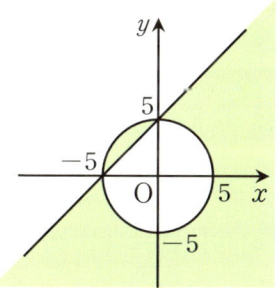

② $x \leq 5$와 ③ $y \geq -5$ 탐구

이제까지 괜찮았나요? 꽃밭과 연못 그림이 되었나요? 그런데 아직 ② $x \leq 5$와 ③ $y \geq -5$의 조건을 생각하지 않았군요?

하지만 이건 아주 쉽답니다. 위에서 그린 영역에서 $x \leq 5$ 부분과 $y \geq -5$ 부분을 택하면 되니까요. x가 5보다 작거나 같으므로 가로축 5의 왼쪽, y는 -5보다 크거나 같으므로 세로축 -5 윗부분을 택하면 됩니다. 그러면 다음과 같은 영역의 그림이 만들어졌습니다.

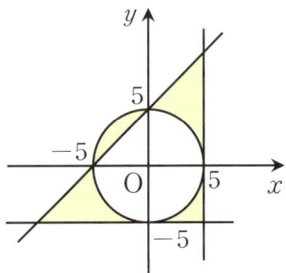

여러분도 이제는 알 수 있겠죠? 꽃밭과 연못이 어떠한 모양인지를요. 둘레 네 군데가 꽃밭이 되고 가운데 한쪽 끝이 잘려 나간 원 모양의 연못이 되었답니다. 여기에 갖가지 꽃과 잔디가 자라고 물고기가 유유히 헤엄치는 연못을 상상하니 벌써부터 신나지 않나요?

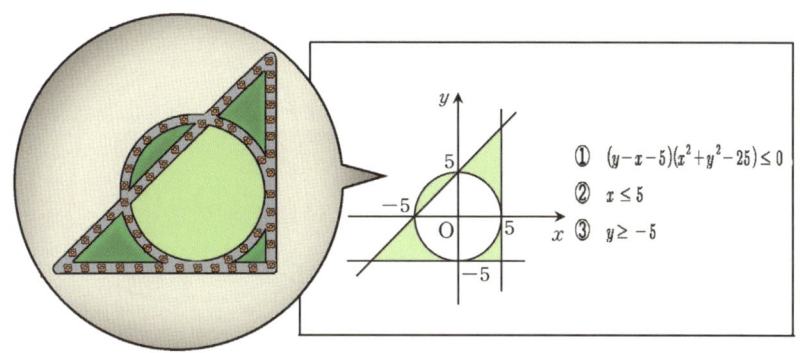

① $(y-x-5)(x^2+y^2-25) \leq 0$
② $x \leq 5$
③ $y \geq -5$

둘은 같은 거야.

와, 꽃밭과 연못을 식으로도 나타낼 수 있네.

꽃은 여기에도 있잖아.

나의 아름다움도 부등식으로 나타낼 수 있을까?

그런데 꽃이랑 연못에서 뛰노는 물고기는 어디 있는 거야?

다음 날 학교 게시판에 다음과 같은 광고가 붙었답니다.

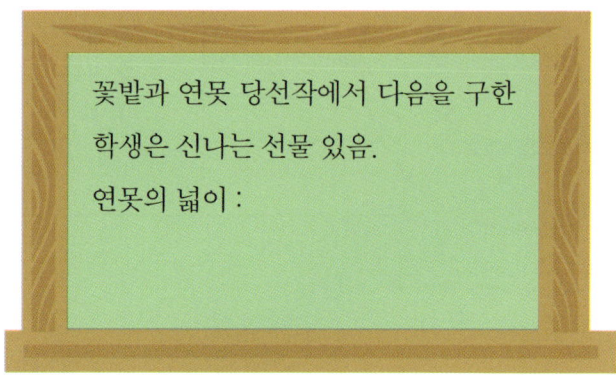

여러분도 물론 선물 받아야지요? 어떻게 할까요? 빈이와 친구들은 다음과 같이 보조선을 그었습니다.

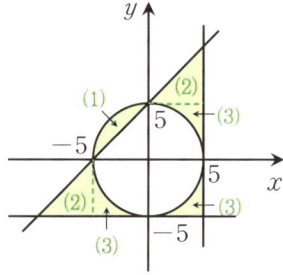

연못의 넓이 : ⑴＋⑵×2＋⑶×3

$$=\left(\frac{25\pi}{4}-\frac{25}{2}\right)+\left(\frac{25}{2}\times 2\right)+\left\{\left(25-\frac{25\pi}{4}\right)\times 3\right\}$$

모두 신나는 선물을 향해 힘차게 달려갔답니다.

이제 수업이 모두 끝났습니다. 재미있고 진지하게 탐구하는 여러분과 공부하면서 나 해리엇은 아주 즐거웠습니다. 다른 시간에 다시 기쁘게 만날 수 있기를 바랍니다.

수업정리

❶ 연립부등식을 만족하는 영역은 각각의 부등식이 공통으로 만족되는 영역을 의미합니다.

❷ 일차부등식 $y \geq x+5$는 직선의 위쪽 영역을 나타냅니다. 일차부등식 $y \leq x+5$는 직선의 아래쪽 영역을 나타냅니다.

❸ 부등식 $x^2+y^2 \geq 5^2$은 반지름이 5인 원의 외부 영역을 나타냅니다. 부등식 $x^2+y^2 \leq 5^2$은 반지름이 5인 원의 내부 영역을 나타냅니다.

❹ 좌표상에 그래프로 둘러싸인 영역의 넓이는 적당한 보조선을 그어 구할 수 있습니다.